NOTICE

SUR

LA FAMILLE DU CHESNE DE VAUVERT.

NOTICE

SUR

LA FAMILLE DU CHESNE DE VAUVERT.

(1502 - 1862.)

« Un chêne antique s'élève : l'œil en voit de loin les
« feuillages; il approche, il en voit la tige, mais il n'en
« aperçoit pas les racines; il faut percer la terre pour les
« trouver. »   (*Esprit des Lois*, XXX. 1.)

NIORT. — IMPRIMERIE DE L. FAVRE ET Cie.

NOTICE

SUR

LA FAMILLE DU CHESNE DE VAUVERT.

(1502 - 1862.)

Voici deux ans nous eûmes la rare fortune d'être le dépositaire d'un trésor de chartes, unique peut-être dans un pays livré si longtemps aux guerres civiles et aux fureurs révolutionnaires. Ces titres constituent dans leur ensemble l'histoire de la famille du Chesne de Vauvert pendant près de quatre siècles : ils établissent d'une manière authentique la filiation directe, et la possession non interrompue, dans cette famille, de la maison noble de Vauvert, sise au bourg de Cherveux, depuis l'an 1502 jusqu'à nos jours.

Il nous a paru que ce serait une œuvre utile aux

nôtres que de retracer cette histoire, et nous avons entrepris dans ce but le classement et le dépouillement des chartes remises en nos mains. Ce travail nous a coûté dix-huit mois de patientes études ; le sentiment qui le dicta nous servira d'excuse ou nous tiendra lieu d'éloge : *pietate aut excusatus aut laudatus.*

Quoi qu'il en soit, nous avons pris la vérité pour guide, laissant dans l'ombre ce qui est dans l'ombre, et ne tentant jamais de soulever le voile du temps et de la nuit. Si, dès lors, dans cette notice, nous ne remontons pas le cours des âges au-delà de l'an 1502, du moins à cette époque trouvons-nous les représentants de la famille du Chesne répandus sur plusieurs points de cette partie du Poitou qui est devenue le département des Deux-Sèvres : ils y possèdent les seigneuries de Vauvert et d'Elbene, p^{sse} de Cherveux ; de La Godinière, p^{sse} de Fenioux-en-Gastine ; de Bois-Joubert, p^{sse} de Cours; de Ruffane, p^{sse} de Vautebis. Que demander de plus ? Le berceau de cette famille nous demeure inconnu ; c'est apparemment qu'elle date de loin. Et comment en douter, lorsqu'on voit les vigoureux rameaux poussés, dès le commencement du XVIe siècle, par cet arbre dont nous n'apercevons pas les racines ?

D'ailleurs nous avons devant nous trois cent soixante ans : cette période suffit à nos forces.

Ce 20 juillet 1862.

IL Y A DONC TROIS CENT SOIXANTE ANS, et le 17 juin 1502, François du Chesne, écuyer, seigneur de Vauvert, se rendit acquéreur de quelques héritages, par acte reçu sous la cour de Cherveux, par J. Rouillon.

<small>1. FRANÇOIS DU CHESNE, Ecuyer, seigneur de Vauvert.</small>

Cet acte, que nous ne possédons pas, est mentionné au nombre des pièces produites par Samuel du Chesne, écuyer, sieur de Saint-Léger, faisant tant pour lui que pour son cousin Jean du Chesne, écuyer, seigneur de Vauvert, pour les preuves de noblesse exigées par l'ordonnance du 22 décembre 1664.

Un titre, en date du 5 septembre 1551, signé Bouhier, notaire royal, juré de la cour du scel aux contrats de la ville d'Angoulême, nous apprend que François du Chesne et Jehan de Ponigues avaient soutenu de concert, au parlement de Paris, un procès contre Nicolas Thibault, écuyer.

François du Chesne eut pour fils : René du Chesne et Jacques du Chesne, tous deux qualifiés écuyers dans le titre sus-mentionné.

La famille du Chesne possédait, au commencement du XVIe siècle, outre la seigneurie de Vauvert en Poitou, la terre de La Rochette en Angoumois.

<small>II. RENÉ DU CHESNE, Ecuyer, seigneur de Vauvert.</small>

Un contrat d'arrangement, du 5 septembre 1551, déjà cité, entre René et Jacques du Chesne, frères, porte que « pour le regard de leurs partages tant de ladite seigneurie de La Rochette que de leurs autres biens, ils demeureront en ladite propriété de La Rochette chacun pour une quarte partie, comme il peut apparoir par certaine transaction faite ci-devant entr'eux et *ceux* de Blanzaguet; que pour cette cause ledit Jacques du Chesne a quitté et renoncé à tout le droit successif de ses feus père et mère qu'ils avaient et jouissaient lors de leur décès, étant en Poitou, fors de celui qui lui peut appartenir de la succession des Francs que ledit René du Chesne, frère aîné, sera tenu bailler et payer audit Jacques, icelui partage fait ou le procès vidé entre le sieur de Lacarte, nommé Gabriel Thibault, et ledit René du Chesne et autres ses parsonniers, savoir est : une pièce de terre pouvant porter et valoir de revenu par une chacune année quatre boisseaux de blé par quarts, mesure de St-Maixent, qui sont : froment, seigle, méture et baillarge (1). » De plus, Jacques du Chesne « maintient son droit et ne renonce point au procès pendant et présent en la cour du Parlement, à Paris, entre Jehan de Ponigues et François du Chesne, écuyers, oncle et père des dites parties, contre Nicolas Thibault, écuyer. »

En 1665, Jean et Samuel du Chesne, représentaient à Colbert, commissaire départi dans les généralités de Poitiers et Tours pour l'exécution de l'édit sur la noblesse, des actes d'hommage rendu à René du Chesne, écuyer, seigneur de Vauvert, à cause de sa maison de Vauvert, par Jacques Guyot, en date des 7 mars 1540 et 10 mai 1541.

Ces titres précieux nous font défaut, mais la signature de Colbert est là pour attester leur représentation, et afin que rien ne manquât à l'authenticité de ces preuves de noblesse, on peut lire au-dessous du nom de l'illustre ministre :

« J'ai veu les pièces mentionnées au présent inventaire pour y répondre ce que de raison, lesquelles après avoir été cotées et paraphées par le secrétaire de Mr Colbert ont été rendues et restituées. »   Signé : PINET.

---

(1) Les quarts ont fait place au couple : moitié froment, moitié baillarge. Il est vrai que l'on ne cultive plus ni méture ni seigle dans les terres de Cherveux : l'agriculture a changé.

René du Chesne avait épousé Françoise Vergereau dont il eût trois fils : François, qui suit, Louis et Ponthus; et deux filles, Catherine et Marie.

Nous n'avons encore que peu d'actes relatifs à François du Chesne ; à travers les trois siècles qui nous séparent de cette époque, la plupart des documents ne sont pas parvenus jusqu'à nous.

III. FRANÇOIS DU CHESNE, Ecuyer, Seigneur de Vauvert.

Plus heureux de ce côté, nos devanciers pouvaient produire les titres dont l'énumération est consignée dans l'inventaire soumis à Colbert.

C'étaient :

Un hommage, en date du 13 janvier 1568, rendu par François du Chesne, et par lequel il déclare tenir noblement au pays de Poitou 4 livres de rente qu'il offre d'attribuer au ban et arrière-ban de Poitou ;

Un acquit du ban et de l'arrière-ban du 4 novembre 1569, donné audit François du Chesne, écuyer, seigneur de Vauvert ;

Le contrat de mariage de François du Chesne avec Antoinette Roigne, en date du 3 janvier 1556.

Antoinette Roigne était fille de François Roigne, écuyer, seigneur du Petit-Chesne. En donnant son consentement à ce mariage, Françoise Vergereau, veuve de René du Chesne, avait voulu par une procuration à cette fin que François, en tant que son fils aîné et principal héritier, prélevât ses droits et avantages coutumiers tant sur ses biens à elle que sur ceux à lui advenus.

Le 19 décembre 1571, sous la cour de Cherveux, François du Chesne partage la succession de ses père et mère avec ses frères et sœurs. On voit par l'acte, reçu par Ogier et Courtin, notaires à Cherveux, que Louis du Chesne était seigneur de Bois-Joubert, paroisse de Cours : dans un sous-seing d'échange avec Isaac Geoffroy, du 6 novembre 1562, Louis du Chesne est qualifié seigneur de La Godinière, paroisse de Fenioux.

Le partage attribue à l'aîné toutes les terres « étant en Poitou » à l'exception des biens de la mère, devenus le lot des cadets, « soient maisons, jardins, dîmes, prés, bois, terres arables et non arables, vignes, et toutes autres choses quelconques sans en rien réserver ni retenir ; tenant les dites choses au fief du seigneur de Seneuil, d'une part ; d'autre, au chemin qui va de la Croix de La Bigaudière à La Tousche de Seneuil ; d'autre au chemin tendant de ladite Tousche à La Logette ; et d'autre du chemin de La Logette au chemin de Lussay. » Dans la part de l'aîné sont encore comprises « les successions de Jacques et Luce du Chesne jà échues, et celle d'Isabeau du Chesne *qui est encore à échoir.* » Hâtons-nous d'ajouter que « lesdites choses ont été ainsi faites et accordées en présence et du consentement de damoiselle Isabeau du Chesne (1). »

François, à titre d'aîné, avait donc la seigneurie de Vauvert : celle de Ruffanne lui était également échue. Cela résulte d'un acte de ferme, en date du 28 mai 1573, par lequel François du Chesne, écuyer, seigneur de Vauvert, donne la métairie de Ruffanne à bail pour sept années aux frères Jacques et Noël Loritz, moyennant « seize septiers de seigle et quatre-vingts boisseaux de grosse avoine, mesure de Parthenay ; plus six chapons, un pourceau de mars d'un an venant à deux ou 60

---

(1) Les auteurs du *Dictionnaire des familles de l'Ancien Poitou*, à l'article du Chesne, prétendent qu'après la mention des noms de Louis, François et Ponthus du Chesne, on lit dans l'acte « *et autres du Chesne.* » C'est une erreur : ces mots *autres du Chesne* ne se trouvent que dans l'analyse des pièces portées à l'inventaire pour les preuves de noblesse, et sont synonymes de ceux-ci : « et autres leurs cohéritiers. » Effectivement Marie, Catherine et Isabeau du Chesne figurent aussi parmi les parties contractantes.

sols au choix du dit bailleur, six poulets, six fromages gras, quatre livres de lin et chanvre, par moitié, en poupées (1). »
Nous verrons que l'aîné des enfants, dans la branche de Vauvert, prenait, du vivant du père, le titre de seigneur de Ruffane.

Si la ferme de Ruffanne, en raison de son éloignement était affermée à prix certain, celle de Vauvert, à la porte de son seigneur, était placée sous un régime différent. Ainsi, par acte du 20 septembre 1579, bail à moitié fruits de la métairie de Vauvert est consenti à Maixent Grosset, laboureur à la Chapelle-Bâton, par François du Chesne.

De son mariage avec Antoinette Roigne, François du Chesne avait eu deux fils : Louis et René. Ce dernier est la tige de la branche cadette des du Chesne, dite de St-Léger. Louis, l'aîné, avait eu à ce titre la seigneurie de Vauvert, dans le partage des biens de leurs père et mère, le 13 mars 1591, acte reçu par Ogier, notaire, sous la cour de Cherveux.

Louis du Chesne épousa Marguerite de Perrouin, fille de Jacques de Perrouin, seigneur de Beaussais, et d'Elisabeth de Bouillon ; le contrat, reçu à Parthenay par Motheau, notaire, est du 15 février 1588. De cette union naquirent Louis, Anne et Rébecca.

IV. LOUIS DU CHESNE, Ecuyer, Seigneur de Vauvert.

Anne de Perrouin, fille de Pierre de Perrouin et de Marguerite de Jaucourt, seigneur et dame de Beaumont (en Touraine), tante de Marguerite de Perrouin, dame de Vauvert, avait épousé Henri Roigne, oncle maternel de Louis du Chesne, après avoir été fiancé à Jacques Roigne, frère d'Henri, mort avant la célébration du mariage projeté.

Une sorte de fatalité semble attachée à l'alliance d'Anne de

---

(1) Ces conditions et ces suffrages montrent assez quels étaient alors les produits de notre Gâtine.

Perrouin : nous la voyons successivement fiancée à Jacques Roigne, mariée avec Henri Roigne, et avec Jacques Viaud, seigneur de l'Allier. On doit penser que ces différents mariages, toujours accompagnés de donations entr'époux, étaient une source inépuisable de contestations et de procès.

Anne, lorsqu'elle était dame du Petit-Chesne, avait auprès d'elle l'une de ses nièces « demeurante et nourrie avec sa tante », Marie de Perrouin, sœur de la dame de Vauvert, et mineure sous la tutelle de Palamède de Bouillon, son oncle maternel. Le parti « d'un gentilhomme, sieur de la Plesse, de bonne alliance et parenté qui recherchait en mariage la dite damoiselle » s'étant présenté, Anne de Perrouin qui « désirait fort ce mariage être fait et accompli » sollicita le tuteur de Marie de Perrouin d'y donner son consentement. Palamède de Bouillon ne fit difficulté de l'accorder, et donna sa procuration, par acte reçu à Tours, le 25 février 1593 par Aubert, où il est dit qu'il ne peut « assister de sa personne audit mariage et contrat *au moyen du danger et difficulté des chemins* (1). »

Henri Roigne avait disposé en faveur de sa femme de ses meubles, acquêts et conquêts immeubles, et du tiers de ses propres, et était mort sans enfants. L'ouverture de sa succession donna naissance à un procès dont l'origine offre une particularité digne de mention.

Le seigneur du Petit-Chesne avait huit enfants, quatre garçons et quatre filles. Il avait voulu que ses immeubles fussent partagés entre ses fils, et que ses filles se contentassent d'une somme de 2,400 livres chacune. Mais l'homme propose et Dieu dispose : il arriva que les quatre fils du seigneur du Petit-

---

(1) Le pays de Gâtine n'était donc à cette époque ni sûr ni praticable : après trois cents ans, si la sécurité demeure acquise à cette contrée, la voirie laisse encore beaucoup à désirer sur plusieurs points.

Chesne moururent sans postérité, et que les immeubles réservés en leur faveur tombèrent en partage à leurs sœurs ou ayant cause. C'étaient les enfants de Jacques Viaud, seigneur de l'Allier, et de Marguerite Aymer, seule fille de René Aymer et de Marguerite Roigne ; Louis et René du Chesne, du chef de leur mère, et Anne Roigne, femme d'Emmery Esteau, seigneur de Vermenie (paroisse de Surin).

Par un nouveau mariage, Anne de Perrouin avait épousé Jacques Viaud, neveu de son premier mari, et cette alliance compliquait encore des intérêts aussi mêlés. Après diverses sommations en *entérinement de don* faites par Louis du Chesne à Jacques Viaud et à Anne de Perrouin, en date des 26 août 1592, 4 mars 1593, 26 mars 1593, 17 septembre 1593, un accord fut conclu entre les parties intéressées. Par cette transaction, la maison noble et seigneurie du Chêne-Billon, paroisse de Mazières, une rente foncière de 28 boisseaux seigle et de 20 boisseaux avoine, mesure de Pressigny, sont assignées en commun à Louis et René du Chesne, et Anne Roigne. L'acte reçu par Goy et Devallée, notaires à Champdeniers, porte avec les signatures des co-héritiers celles de leurs conseils : Charles et Arthur de Parthenay, de Loubeau, de Lacour, de Maillé ; il est du 6 juillet 1595.

Le 2 décembre 1599, Louis du Chesne acquiert, pour la somme de « deux escus », de Pierre Petitoit, de Sussay, tout droit de pacage et prise de foins en un pré assis sur la noüe de Cherveux « où se tient la foire. »

Le 1ᵉʳ juillet 1600, de concert avec son frère, René du Chesne de Sᵗ-Léger, il cède à Emery Esteau, époux d'Anne Roigne, portion indivise dans la maison de la Marre, paroisse de Xaintray, contre la part de ladite Anne dans la rente de 28 boisseaux froment ci-dessus relatée.

Louis du Chesne signe au contrat de mariage de Louis de la

Blachière, écuyer, ministre de l'église réformée de St-Gelais, avec Jeanne du Chesne, fille de René de St-Léger et d'Anne Audouin. Le futur était fils de Louis de la Blachière, ministre de l'église réformée de Niort, auteur de *la Dispute contre César Boulanger*, et autres écrits pour la réforme, fort estimés de ses coréligionnaires. Ce contrat est du 21 juin 1604.

Cette même année 1604, et le 22 décembre, René Rousseau, écuyer, sieur de La Parisière, commissaire député au pays de Poitou pour la vérification des titres de noblesse, rend en faveur de Louis du Chesne, écuyer, seigneur de Vauvert, un édit qui le confirme dans ses droits et le déclare noble et issu de noble lignée.

Huit ans après, le 23 août 1612, Louis du Chesne marie l'une de ses filles, Anne, avec Abel Audouin, écuyer, sieur de la Bernardière, et la dote de 2000 livres tournois, somme considérable pour l'époque. Le contrat est signé par Anne de Perrouin, dame du Petit-Chêne et de Verdail, grand'tante de la proparlée, René du Chesne, écuyer, seigneur de St-Léger, son oncle, Louis du Chesne, écuyer, seigneur de Ruffane, son frère; par Rébecca du Chesne, sa sœur, etc.

Par procuration en date du 6 novembre 1618, Louis du Chesne, seigneur de Vauvert, et Marguerite de Perrouin, sa femme, autorisent leur fils, Louis, seigneur de Ruffane, à les représenter dans la succession de la dame de Venot (paroisse de Bligneuls en Berry).

Le 4 août 1620, le duc de Rohan, pair de France, lieutenant-général au pays de bas et haut Poitou, Châtelleraudois et Loudunois ordonne aux officiers sous ses ordres de respecter et faire respecter par leurs troupes la maison de Vauvert qu'il a prise sous sa sauve-garde et qu'il exempte de « tous logis et contributions. »

Par obligation en date du 14 janvier 1621, Joachim de

Grailly, seigneur des Septiaux, Montenaud et La Prade (paroisse de St-Martin d'Angles) reconnaît devoir à Louis du Chesne, seigneur de Ruffane, la somme de 1,400 livres tournois qu'il a reçue en bon argent « en pièces d'un quart d'écu, demi-quart, testons, demi-testons, et autre monnaie blanche, » et qu'il doit lui rendre en la ville de Poitiers au logis « où pend par enseigne les *Trois-Pilliers*, » et cela dans un an. Une autre obligation, datée du 5 juillet 1622, rend Louis du Chesne, seigneur de Ruffanne, créancier dudit de Grailly pour une nouvelle somme de 275 livres tournois. Il paraîtrait que le débiteur n'aurait pas tenu ses engagements, car deux jugements de la cour de Poitiers, rendus les 15 décembre 1622 et 10 février 1623, l'obligent au paiement des intérêts envers Louis du Chesne. Au nombre des conseillers de la Cour de Poitiers figurent René Brochard, Marc Jarno, et Jehan Pidoux.

Le 6 novembre 1624, Denis Amelot, commissaire du roi en ses conseils, intendant de la justice en Poitou et commissaire pour la recherche de la noblesse, donne au profit de Louis du Chesne, écuyer, seigneur de Vauvert, un édit de confirmation de noblesse par lequel il est reconnu noble et issu de noble lignée. Nous verrons à chaque nouveau règne (Henri IV, Louis XIII, Louis XIV, Louis XV) de semblables recherches toujours suivies, pour la famille du Chesne de Vauvert, de pareilles sentences. La noblesse étant exempte de tailles à la charge du service militaire, on comprend quel puissant intérêt avait la royauté de ne tolérer aucune usurpation : c'était à la fois contrôler les finances et l'armée.

Mentionnons l'échange fait, le 18 juillet 1622, entre Louis du Chesne, seigneur de Vauvert, et Josué de Saint-Gelais et Lusignan, chevalier, seigneur de St-Gelais, Cherveux, La Plissonnière, le Condrai, Civray, etc., et baron de Bellefoi, demeurant au « chastel dudit Cherveux : » messire de St-Gelais cède

16 sillons dans les Ouches « tenant de toutes parts aux terres dudit sieur de Vauvert » contre demi-boisselée dans Vaugrenier ;

— Autre échange, du 17 septembre 1629, entre Louis du Chesne, seigneur de Vauvert, et René du Chesne, seigneur de St-Léger, son frère, par lequel la part de Louis dans une rente de 28 boisseaux froment et 20 boisseaux avoine, assise sur les tènements de la Brossardière et Rossardière possédés par Antoine Allonneau, est abandonnée pour une autre rente de 14 boisseaux froment et 10 boisseaux avoine assignée sur la métairie du Chêne-Billon.

<small>V. LOUIS DU CHESNE, Seigneur de Vauvert, Ruffane, etc.</small>

Nous avons vu Louis du Chesne choisi par ses père et mère pour les représenter dans le partage de la succession de la dame de Venot : le 8 août 1631, il s'engage conjointement avec le seigneur de Vauvert, son père, à payer à Jacques de Perrouin, écuyer, sieur de la Nouvaisière et de Venot, une somme de 500 livres tournois à prélever sur l'obligation de 1400 livres tournois consentie par Joachim de Grailly.

A l'époque où nous sommes parvenus, la richesse vient prêter son éclat à la maison de Vauvert : l'alliance de Louis du Chesne avec Marguerite de Perrouin avait notablement accru sa fortune, et son fils devait l'augmenter encore. Par malheur la Réforme, acceptée à l'origine comme but politique par les seigneurs mécontents des tendances avouées de la Ligue, et ils étaient nombreux en Poitou, a enrôlé les du Chesne sous sa bannière : la révocation de l'édit de Nantes dispersera leur famille. L'aîné du moins restera en France, et relèvera la prospérité de sa maison, un instant ébranlée, jusqu'à ce que le souffle révolutionnaire vienne de nouveau jeter sur la terre étrangère ces fidèles serviteurs de la royauté, ces éternels ennemis des partis ligués contre elle, sous quelque nom qu'ils se cachent, Guise ou Orléans.

Reprenons le cours des événements.

Louis et Marguerite étaient morts. Le 11 avril 1633, Louis, seigneur de Rufane, devenu seigneur de Vauvert, Rébecca, sa sœur, Florence Audouin, leur nièce, assistés d'Abel Viault, seigneur de l'Allier, le Petit-Chêne, le Breuillac, etc., de Louis du Fay, seigneur de Souché, de Josué du Fay, seigneur de la Taillée, Échiré, etc., et de François de Valière, seigneur de Valière, leurs parents et amis communs, procèdent au partage des biens à eux laissés par Louis du Chesne et Marguerite de Perrouin.

Par préciput, droit conservé par nos codes modernes qui l'ont rendu facultatif d'obligatoire qu'il était sous le régime de la coutume de Poitou, il est adjugé à Louis la maison noble de Vauvert, le jardin y joignant, le pré devant la maison et 4 boisselées de terre se joignant proche ledit pré.

Voici la composition des lots :

1° A LOUIS :

La métairie de Vauvert ;

Les terres situées sur Saint-Christophe et affermées aux Massé, de Fléès ;

La dîme au sixième de Quairay ;

Les droits de terrage, complants, dîmes, etc., relevant de Vauvert.

2° A RÉBECCA ;

La seigneurie et métairie de Rufane (paroisse de Vautebis), avec ses droits de fief ;

Le bois de la Vergnée ;

Le bois de la Touche.

3° A FLORENCE AUDOUIN :

La part de son aïeul dans la métairie noble du Chêne-Billon, paroisse de Mazières ;

Une rente annuelle de 41 sols, servie par Louis pour retour de partage ;

Une rente annuelle de 17 livres 10 sols, servie par Rébecca pour le même motif.

Louis du Chesne épousa : 1° Renée Janvre, dont il n'eut point d'enfants ; 2° Anne Jouslard, qui lui donna deux fils et quatre filles.

Un arrêt de la chambre du conseil de l'échevinage de Saint-Maixent, en date du 8 juin 1634, rappelant deux sentences des 22 décembre 1604 et 16 novembre 1624, rendues par René Rousseau et Amelot, conseillers du Roi, ordonne que Louis du Chesne et Jeanne du Chesne, veuve de Louis de la Blachière, sa cousine-germaine, seront inscrits au Chapitre des Nobles, comme *nobles et issus de noble lignée*.

Par testament daté du 22 février 1638, Renée Janvre lègue à Louis du Chesne, son mari, tous ses biens meubles, acquêts et conquêts immeubles, et le tiers de ses propres. Elle meurt bientôt après, et, par acte du 16 décembre 1638, le don par elle fait à son époux est entériné sans opposition de la part des frères et sœurs de Renée. C'étaient : 1° Messire Philippe Janvre, chevalier, sieur de la Bouchetière, paroisse de Saint-Lin ; 2° Arthur Janvre, chevalier, seigneur de Lussay ; 3° Louis Janvre, écuyer, seigneur de la Tour ; 4° damoiselle Anne Janvre, femme de Louis de Gréaulme ; 5° damoiselle Judith Janvre, dame de la Rinchardière ; 6° damoiselle Elisabeth Janvre, dame de la Tour.

Rébecca du Chesne, sœur de Louis, avait épousé Charles de Vallanchère, seigneur de la Jarrelière, paroisse de la Boissière-en-Gâtine, veuf de Marguerite Regnier. Rébecca mourut sans postérité, et légua une somme de 300 livres tournois à sa nièce Prégente du Chesne, fille de Louis et d'Anne Jouslard, et pareille somme à Marie de Vallanchère, sa belle-fille, qui avait été mariée à Jean Jouslard, seigneur de Montaillon. Le 14 août 1652, Louis du Chesne, ledit seigneur de Montaillon et François de la Blachière, époux de Florence Audouin, procèdent au partage de la succession mobilière de Rébecca du Chesne et délivrent aux bénéficiaires les deux dons ci-dessus relatés.

Dans tous les actes de cette époque, Louis du Chesne est qualifié haut et puissant, chevalier, seigneur de Vauvert, d'Elbene (1) et du Vignaud. A l'ombre du « chastel » de l'illustre famille des Saint-Gelais, la maison noble de Vauvert avait son enceinte flanquée de tourelles ; si le privilège a disparu, la pierre est demeurée, comme le témoin d'un autre âge, pour l'attester. Qui donc nous dira l'histoire intime de cette société française du 17e siècle, dont les monuments sont là, sous nos yeux, debout et bien assis sur leurs larges bases ! En écrivant cette monographie, il nous semble vivre avec ceux dont nous relatons les actes : ce sont à la fois de bons pères de famille et de vaillants soldats. Retirés dans leurs terres, ils comptent toujours sous les enseignes royales : durant la paix, la vie de famille est leur partage, et la gestion de leur fortune leur occupation ; ils achètent, transigent, échangent, soigneux du patrimoine légué par leurs pères ; vienne la guerre, le ban les trouvera prêts. Il faut bien avouer que ce tableau accuse un état social à peine entrevu et trop souvent défiguré par l'ignorance ou la mauvaise foi : disons que nous ne prenons plus la

(1) La maison d'Elbene était contigüe à celle de Vauvert, ainsi que le prouve la confrontation qui en est donnée, dans un aveu rendu le 14 août 1692, par Jean du Chesne au seigneur de Lacarte, à cause de ladite maison « sise au bourg de Cherveux, avec ses appartenances et dépendances d'étables, toits, coursoires et jardin, contenant le tout deux boisselées de terre ou environ, tenant d'une part au colombier, coursoires et jardin de Vauvert, d'autre au terroir du Bois-de-Nom, d'autre aux maison, coursoire et jardin de Daniel Faidy (depuis maison de la ferme de Vauvert), d'autre au grand chemin dudit Cherveux à Saint-Gelais, avec *droit de fuie, moyenne et basse juridiction*. »

peine d'étudier et que nous ne savons rien ou presque rien de notre propre histoire, et nous serons dans le vrai.

Revenons à Louis du Chesne. Nous avons tracé le cercle où s'exerçait l'action des gentilhommes de la province du Poitou. Fermé à l'ambition, il assurait à chaque seigneur une influence considérable autour de lui. Ces transactions nombreuses avec ses voisins, laboureurs, artisans, praticiens, hommes de loi, seigneurs, le mêlaient à tous et le rattachaient au sol, qu'il était chargé de défendre, par le double lien de l'affection et de l'intérêt. Il suffit, pour s'en convaincre, de jeter les yeux sur la liste suivante des échanges et acquisitions qui appartiennent à Louis du Chesne, et que nous donnons à l'ordre de leurs dates respectives :

16 décembre 1636. — Il échange avec Louis Cart, notaire sous la cour de Cherveux, une quartollée de terre sise à Bourricail, proche la Bigaudière, contre une quartollée et un sixième dans Vaugrenier ; l'acte est passé par Gibault, notaire sous ladite cour.

20 octobre 1644. — Autre échange avec Jacques Boinot et Suzanne Bonnifait, sa femme, d'une boisselée de terre au Bois-de-Nom et d'une autre boisselée au Doignon, contre une rente de 45 sols due par Jehanne du Chesne au seigneur de Vauvert.

6 juin 1645. — Autre échange avec François Faidy l'aîné, François Faidy le jeune et Daniel Faidy, de leurs parts dans une maison sise à Cherveux, et indivise avec Marie Faidy, leur sœur, contre une rente de 101 sols due au seigneur de Vauvert par Jacques Picard, fermier au Goguelais. Cette maison « est assise avec ses appartenances d'entrées, issues, cours, coursoires et une planche de jardin partant avec ledit sieur de Vauvert, seigneur du surplus ; tenant d'une part à la maison et jardin dudit sieur de Vauvert, d'autre à la maison, jardin et coursoires

de Pierre Russeil, par le devant au chemin tendant à St-Gelais, et par le derrière aux terres de Bois-de-Nom. »

18 décembre 1645. — Échange avec Marie Faidy de sa part dans la maison ci-dessus, sujette envers la seigneurie de Lacarte à une rente de 3 sols et 1 denier de cens, contre une rente de 33 sols 9 deniers, due par ledit Jacques Picard, fermier au Goguelais.

17 août 1648. — Échange avec Jean Boinot, et Catherine Jouslain, sa femme, d'une boisselée et demie de terre au Marchais contre pareille contenance aux Ramées.

30 mai 1651. — Achat de Daniel Simonnet et Samuel Morin, à Cherveux, d'un journal de vigne assis au fief des vignes de Vauvert, pour le prix de 70 sols.

30 janvier 1652. — Achat de François Mercier, laboureur à Lacarte, d'une boisselée au champ Gerbeau, d'une quartollée au Bois-de-Nom, et de deux boisselées et demie à la Claie de Seneuil, moyennant la cession d'une rente de 70 sols due au seigneur de Vauvert par Louis Juin, tailleur d'habits au village des Francs.

18 mai 1652. — Achat de Pierre et Jacques Morin, d'une boisselée de terre à La Combe, pour le prix de 10 livres tournois.

26 mai 1652. — Échange avec Jehan Bonnaud, laboureur à Cherveux-le-Vieux, d'une demi-boisselée de terre, sise à Cherveux-le-Vieux, contre demi-boisselée à Mouchedune.

28 juillet 1652. — Échange avec Louis Cart, notaire sous la cour de Cherveux, d'une quartollée de terre à Bourricail, et d'une autre quartollée proche la Bigaudière, contre demi-boisselée à Vaugrenier.

11 octobre 1654. — Achat de Samuel Fraignaud, laboureur à La Barre, d'une demi-boisselée de terre au Frêne, pour la

somme de 24 livres tournois « payée comptant en 8 *louis d'argent* de 60 sols pièce (1). »

22 février 1655. — Achat de Jehan Pineau, sieur de la Sigonnière, et Louis Pineau, sieur de La Greygelière, de deux créances sur René Ford, s'élevant ensemble à 300 livres tournois de principal, pour le prix de 30 livres tournois.

2 janvier 1657. — Échange avec François Sibilleau, marchand à Cherveux-le-Vieux, de deux boisselées à Four-Chauffière, contre : 1° Une boisselée à Vaurousse ; 2° une boisselée et demie à la vallée de la Petinerie, « joignant aux terres de Guignefolle et à celles de la Chapelle de St-Jacques et Ste-Marthe, et sujette au douzième des fruits envers ladite Chapelle. »

20 novembre 1657. — Achat d'Abraham Bergeronneau, tisseur en toile à La Pingaudrie, et de Marie Berthon, sa femme, d'une boisselée de terre au Boursault « sujette au douzième des fruits envers La Taillée » pour le prix de 40 livres tournois.

19 janvier 1658. — Achat de Pierre Danjeon, laboureur au village des Francs, d'une quartollée de pré à Malvault « tenu du fief d'Elbene à un denier de cens » pour le prix de 50 livres tournois.

13 mai 1658. — Échange avec Isaac Guitton, charpentier au village de Jaunay, de sa part, qui est moitié, dans une maison, sise à Malvault et dans plusieurs pièces de terres, sises audit village, au Pas-Noir, à l'Ommière, au Vignaud, au Boursault, à Trognard, etc., contre le tiers des dîmes de Montaillon,

---

(1) Cette désignation *louis d'argent* justifie l'usage de cette autre locution *louis d'or*, si commune dans nos campagnes. Le louis d'argent, qui valait 60 sols, devint plus tard *le petit écu :* il n'y eut plus alors qu'une seule espèce de louis ; mais le nom de *louis d'or* resta dans la langue populaire, qui change moins vite que les monnaies.

appartenant à dame Anne Jouslard, femme dudit seigneur de Vauvert.

Ce dernier contrat est remarquable en ce qu'il offre un exemple d'échange de dîmes contre des terres sujettes elles-mêmes à des devoirs féodaux. Mais si les dîmes pouvaient s'aliéner en dehors de la terre, se transformer en marchandise, passer entre toutes mains, que de beaux systèmes jetés à bas du même coup? Cela était pourtant, et à ces dîmes, à ces rentes, Louis du Chesne préférait des terres à sa convenance. L'avenir a prouvé la sagesse de cette préférence : il est vraisemblable que le proverbe « la terre reste » date de loin.

D'ailleurs Louis du Chesne était riche : il devait dès-lors avoir à cœur d'augmenter sa seigneurie de Vauvert. Cette légitime ambition s'alliait chez lui à un grand désintéressement vis-à-vis des siens. En voici une preuve touchante : Louis du Chesne avait été le tuteur de Florence Audouin, sa nièce ; il avait dû, en cette qualité, prendre soin du bien dont il avait la gestion, subvenir aux frais d'éducation de sa pupille, etc. ; lors de la reddition des comptes, il se trouvait avoir avancé une somme de 1,000 livres tournois pour cet objet; par acte du 31 janvier 1650, il déclare remettre à sa nièce cette somme de 1,000 livres « pour l'affection et l'amitié qu'il lui porte » et Anne Jouslard s'empresse de souscrire à ce don de son mari.

L'une des préoccupations constantes de Louis du Chesne fut d'acquérir la portion des héritages Faidy et Russeil, qui est devenue la préclôture de la ferme de Vauvert. Nous avons vu les héritiers Faidy lui céder tous leurs droits : au moyen d'une transaction avec Louis, Pierre et Rébecca Russeil il était devenu possesseur des 3/7es de la succession Russeil, et le 29 octobre 1658 il obtint pour sa part dans ladite succession « le total d'une maison sise à Cherveux, avec ses appartenances de coursoires, toits et jardins, ci-devant partagés avec les Faidy, et joignant aux portions desdits Faidy d'une part, d'autre aux domaines dudit sieur de Vauvert et au chemin tendant de Vauvert à S¹-Gelais, d'autre au tènement du Bois-de-Nom : lesdits jardins étant de 4 pièces en un enclos. »

Le but poursuivi pendant treize ans était atteint : nos habiles négociateurs modernes ne feraient pas mieux, s'ils n'y perdaient patience.

Louis du Chesne ne survécut pas longtemps à cette réalisation d'une pensée bien chère ; il mourut au commencement de l'année 1659, laissant de son mariage avec Anne Jouslard six enfants mineurs, dont la tutelle incombait à sa veuve. C'étaient :

1° Anne, âgée de 15 ans ;
2° Prégente, 14 ans ;
3° Jehan, 12 ans ;
4° Françoise, 11 ans ;
5° Louise, 7 ans ;
6° François, 3 ans.

VI. JEHAN DU CHESNE, Seigneur de Vauvert.

Les parents des enfants de Louis du Chesne, convoqués pour la dation de tutelle furent : Isaïe du Chesne, sieur de S¹-Léger ; David du Chesne, sieur de Chaunin ; François de la Blachière, sieur de L'Isle, commissaire ordinaire de l'artillerie de France et de la marine ; Jacques Jouslard, sieur de Chantecaille ; Jehan Jouslard, sieur de Montaillon ; Jehan de Bonnetie, sieur de La Courtière. Anne Jouslard réclama la garde noble de ses enfants, et la curatelle lui fut déférée d'un commun avis. Nous sommes en 1659, et l'acte de tutelle, qui porte la date du 21 janvier de ladite année, est sans contredit l'un des titres les plus importants de la famille du Chesne de Vauvert. Il constate qu'à cette époque Vauvert était une *seigneurie ayant droit de haute justice,* avec un sénéchal au ressort des parlement et siége royal de St-Maixent ; ces fonctions étaient alors exercées par Jehan Le Riche, sieur de La Chauvillière, dont le nom rappelle l'un des documents les plus précieux de l'histoire du Poitou.

Louis du Chesne avait légué à sa femme tous ses meubles, acquêts et conquêts immeubles, et le tiers de ses propres : le testament daté du 31 janvier 1650 fut entériné le 23 janvier 1659 par le sénéchal de la « seigneurie et haute justice de Vauvert » en présence de François de la Blachière, curateur aux causes et actions des mineurs. Nous retrouvons là le subrogé-tuteur de nos codes.

Anne Jouslard devait continuer l'habile gestion de son mari ; nous avons d'elle les actes qui suivent :

26 avril 1659. — Acquisition de Jacques Simonnet, maçon au Breuil, d'une boisselée et demie de terre à Tire-Corde, et d'une boisselée à La Charrière, moyennant cession d'une rente de 5 livres 10 sols due par François de la Blachière.

4 mars 1662. — Acquisition de Jacques Biraud, tisseur en toile au Breuil, d'une quartollée de terre, au fief des Prées, pour le prix de 9 livres.

8 juin 1662. — Échange avec François Fillon, laboureur à Boisne, d'une maison à Malvault, contre une maison sise au même village.

13 décembre 1666. — Échange avec David Jarlit, maçon à Cherveux, d'une boisselée et un quart de terre à Vaugrenier, et d'une demi-boisselée à la Claie de Seneuil, contre deux boisselées au Bois-de-Nom.

Ces actes, d'une importance secondaire en apparence, où il s'agit de parcelles de terres échangées ou vendues, ne laissent pas d'offrir à la réflexion un véritable intérêt. Tout d'abord ils accusent un morcellement considérable de la propriété dès le milieu du xviie siècle, au profit des cultivateurs et des artisans :

fait capital, et qui n'a pas été mis en lumière, que nous sachions. Les prénoms des contractants, presque tous empruntés à l'Ancien Testament, indiquent clairement que la masse des habitants de Cherveux avait embrassé le parti de la Réforme. Enfin, le prix des terres peut servir de comparaison pour la valeur des monnaies, ou mieux pour l'appréciation de la quantité de numéraire répandue en France, il y a deux cents ans (1).

Le 26 janvier 1665, Anne Jouslard rend aveu à Philippe Thibault, seigneur de la Barre-Sanglier, La Crèche, etc., pour le vieux Champ-Buzain, tenant au fief de Vieille-Foi et à celui du commandeur de St-Rémy « lesquelles choses sire François Allonneau et ses parsonniers tiennent de moi à foi-hommage » et pour d'autres terres sujettes aux devoirs de cinq sols de plaid de morte-main et d'un *éperon doré*, pour servir pour tout rachat quand le cas y advient.

Jean du Chesne comptait à peine 20 ans lorsqu'il fut fiancé à Elisabeth Chalmot, fille de Jacques Chalmot, écuyer, seigneur du Toil, demeurant à la maison noble de la Gentillesse, sise au bourg de Cherveux. Le contrat, qui est du 25 juillet 1667, porte que la dame de Vauvert abandonnera pour 7,000 livres de biens à son fils ; la future est dotée de 5,000 livres et recevra des meubles d'une valeur de 500 livres. Cette même

---

(1) Ainsi la livre tournois n'avait d'autre rapport avec le franc de nos jours que la division en 20 sols. Pour n'en citer qu'un exemple, et il est frappant, un acte du 31 octobre 1661 nous montre qu'une cavale de deux ans, que Pierre Rouvreau, laboureur à Lussay, reçoit de la dame de Vauvert, à croît et à cheptel « suivant les us et coutumes de ce pays de Poitou » est estimée 60 livres tournois. Evidemment la valeur de la livre était de beaucoup plus élevée que celle du franc de notre époque, ou, en d'autres termes, l'argent était plus rare, car le prix des choses est proportionnel à la quantité de numéraire en circulation.

année, quelques mois à peine après son mariage, le 5 décembre, la nouvelle épouse dictait son testament par lequel elle donnait à son mari tous ses meubles, acquêts et conquêts immeubles, et le tiers de ses propres. Suivant l'usage de ce temps, le testament en faveur de son conjoint était une preuve d'affection que se devaient les époux : il était en quelque sorte le complément obligé du contrat de mariage. Seulement la coutume du Poitou imposait pour limite à cette libéralité le tiers des propres : on sait que la loi moderne a restreint cette faculté à un quart des biens.

Nous avons ici une lacune de 25 ans dans la série des titres : Que s'était-il donc passé dans cet intervalle d'un quart de siècle ? Un événement considérable, la révocation de l'édit de Nantes. Cette mesure avait frappé la famille du Chesne dans ses biens et dans ses membres : presque tous émigrèrent. Chef de la branche aînée, Jean du Chesne, seigneur de Vauvert, demeura dans ses foyers, soit que l'exil lui parut impolitique, soit qu'un secret penchant le poussât vers la religion catholique, dans le giron de laquelle il devait bientôt rentrer. Anne Jouslard, sa mère, François, son frère puîné, et ses sœurs, à l'exception d'Anne, mariée au sieur de Mallemouche, seigneur du Breuil-Xaintray, prirent le chemin de la terre étrangère et se réfugièrent en Hollande. Ils devaient bientôt passer dans les états du roi de Suède, qui ne pouvait manquer de leur offrir une large hospitalité, en raison de l'alliance des du Chesne avec les Chalmot, dont l'un des représentants avait été ambassadeur de France en Suède sous Henri IV. Cela résulte d'un brevet signé Henri, du 29 septembre 1601, par lequel ce grand roi ordonne à Jacques Chalmot, sieur du Breuil, conseiller en la cour du parlement de Paris, de « s'acheminer au royaume de Suède pour la négociation d'aucunes affaires que Sa Majesté lui a commises vers le duc Charles. » Cette négociation avait été habilement conduite, et l'ambassadeur français avait su plaire au prince suédois, si nous en croyons le testament de Perrette Chalmot, petite-fille de Jacques Chalmot, où nous lisons :

« Ce-jourd'hui, 25 de septembre 1689, je donne à mon cousin de Puyfoulard (Chalmot), après mon décès, *ma médaille d'or* comme lui étant justement due, puisqu'il représente l'aîné de la famille, et pour y être conservée éternellement à sa postérité, comme étant un *présent du défunt roi de Suède* que Sa Majesté avait fait à défunt M. du Breuil, mon grand'père, ayant l'effigie dudit roi de Suède. »

Au moment de la révocation de l'édit de Nantes, le marquis de Vérac avait convoqué à Poitiers « la noblesse de La R. P. R. du Haut-Poitou pour lui expliquer les intentions de Sa Majesté. » Jean du Chesne se rendit à cet appel, et respecta les intentions du roi : son frère François prit le parti opposé, ainsi que nous l'avons dit. Nul doute que les premières années qui suivirent la séparation des deux frères n'aient été marquées par un échange continu de lettres : puis l'éloignement, le temps, comme il arrive d'habitude, rendirent moins fréquentes des communications que la guerre sur nos frontières devait aussi parfois intercepter.

Nous ne possédons qu'une seule lettre de François du Chesne à son frère, Jean du Chesne de Vauvert : elle est datée du 12 août 1694, et dès le début François se plaint d'être resté cinq ou six ans sans nouvelles du côté de Vauvert.

François y parle d'un fils de Jean du Chesne, appelé dans la la famille Bois-de-Nom, et auquel il s'offre de faire parvenir l'argent que son père se propose de lui envoyer. D'après une correspondance échangée, de 1834 à 1845, avec les représentants de la branche suédoise, ce fils de Jean du Chesne, du nom de Henri, serait devenu la tige de cette branche.

Toutes nos recherches pour éclaircir ce fait, ainsi que la tradition qui donne à Jean du Chesne huit garçons, tous émigrés à l'exception de Josias, le plus jeune, sont demeurées infructueuses.

Nous constatons que Jean du Chesne resta en France, qu'il transmit la seigneurie de Vauvert à son fils Josias, et que dans tous les actes, dans tous les papiers de Jean du Chesne, et nous avons de lui jusqu'à des notes intimes, il n'est jamais parlé que de Josias, de Marie et d'Élisabeth. C'est à eux seuls qu'il partage ses biens, à eux seuls qu'il pense, pour eux seuls qu'il agit : seuls enfin ils sont nommés sur son testament.

Nous ferons remarquer en outre que Jean du Chesne s'étant marié en 1667, l'aîné de ses enfants, lors de la révocation de l'édit de Nantes avait au plus 17 ans. Josias, prétendu le plus jeune, était né en 1676 : dès l'année 1695, il servait au ban, au lieu et place de son père, dans l'escadron de M. de Légardière, qui défendait les Sables-d'Olonne contre les courses de la flotte hollandaise, et huit ans plus tard nous le retrouvons au camp de Villette, lieutenant de grenadiers, dans le régiment commandé par le chevalier de Froussay.

Les papiers qui nous manquent faisaient défaut à Jean du Chesne lui-même, qui les redemandait à son frère. François lui répond dans la lettre précitée : « Tu me demandes où je laissai mes papiers en sortant de France ; je te dirai *encore une fois* que je les mis généralement tous entre les mains de M. de Lhoumeau, tant ceux de la tutelle et curatelle et le procès que j'eus avec mon oncle que ceux qui regardaient le bien que je possédais. » Les terres des émigrés étaient menacées de confiscation ; François remettait à son frère le soin de ses intérêts, et lui demandait de sauver ses biens en ces termes touchants, qui dénotent chez les réfugiés de la Réforme le vain espoir, hélas ! commun aux exilés de tous les temps, d'un prochain retour dans la patrie : « Je serais bien aise que ce bien ne se perdit pas, et que mes enfants le pussent trouver un jour afin de s'en servir. » On comptait en effet que l'arrêt serait rapporté, et que Louis XIV, engagé dans une guerre inégale, céderait à la force des événements. Cette prévision fut trompée, et les descendants de François du Chesne ne revinrent pas.

En France, où l'on raisonne de tout et sur tout, à tort et à travers, on a voulu voir des martyrs dans les réfugiés de la Réforme, comme si l'histoire des peuples ne nous offrait d'autres exemples de ce genre. La politique, le triomphe d'adversaires dont on a longtemps balancé la fortune, les exigences de parti ont une large part à cet immense malheur, qui arrache les hommes au sol natal. Ils se disent tous qu'ils reviendront bientôt, que les mauvais jours feront place aux bons, et comme le nombre de ces jours, bons ou mauvais, est restreint, les enfants succèdent aux pères sur le sol étranger. Le foyer paternel leur a tenu lieu de la patrie absente, — *ubi domus, ibi patria*, — le souvenir s'efface avec les années, et ils deviennent à la longue citoyens de leur pays adoptif.

Jean du Chesne avait sagement jugé les conséquences d'une mesure toujours funeste, et toujours adoptée comme d'enthousiasme. Ses efforts furent impuissants à conjurer l'orage amassé par l'exil sur la tête de ses proches : leurs biens disparurent dans ce vaste naufrage, sans qu'il fut possible d'en recueillir quelques épaves. Leurs noms furent oubliés jusque dans les actes civils où ils ne figurent plus : loi fatale, mais universelle !

Par suite de la lacune signalée, nous passons presque sans transition de l'année 1669 à l'année 1693, et le premier acte, à cette date, est une enquête ouverte par le curé de Cherveux, par-devant l'officialité de Poitiers, pour la vente de la partie du cimetière de Cherveux « tenant d'un côté au chemin tendant de la place de la foire dudit Cherveux à Saint-Gelais, à main droite, d'autre au pré du seigneur de Vauvert, d'un bout audit cimetière, muraille entre deux, et de l'autre bout aux maison et jardin qui furent à la veuve Jacques Mercier et à-présent au dit seigneur » d'une contenance de deux boisselées environ ; laquelle portion « vis-à-vis la petite tour du logis dudit seigneur de Vauvert la plus proche de la croix qui est plantée audit cimetière » est en chaume, sans porter aucun fruit ni profit. L'avis de l'évêché fut favorable, et cette partie de cimetière fut adjugée à Jean du Chesne pour une rente perpétuelle de cinq boisseaux de froment à l'endroit de la fabrique de Cherveux. Les confrontations ci-dessus indiquent suffisamment que le placiste devant Vauvert et partie de l'ancienne avenue proviennent de cette acquisition.

Cet acte ouvre la série des échanges et acquêts faits par Jean du Chesne ; nous la donnons dans l'ordre chronologique, sous le bénéfice des remarques consignées plus haut touchant la division de la propriété.

2 février 1698. — Acquisition de Pierre Delapierre, praticien à Cherveux, de deux rentes montant ensemble à la somme de 25 sols et dues par Jean Menant, charpentier à Cherveux, pour le prix de 8 livres tournois.

2 juillet 1698. — Acquisition de Jacques Neveu, marchand à Cherveux, d'un jardin appelé la Balaiserie, moyennant l'*exponction* d'une rente de 9 livres due par ledit Neveu au sieur de Vauvert : cette rente avait été cédée à Jean du Chesne, pour le prix de 150 livres, par Jean Decemme, conseiller et lieutenant du Roi à Niort ; l'acte de cession est du 17 novembre 1697.

15 décembre 1701. — Echange avec Louis Ayrault, marchand à Cherveux, d'une pièce de pré sise dans la Noue de Cherveux, « et contenant une demi-journée de faucheur » contre une demi-boisselée de terre et un demi-journal de vigne au Goguelais.

19 mai 1702. — Échange avec Louis Xaintray, fermier de la seigneurie de Neuchaise, paroisse de St-Denis, de deux pièces de pré au Goguelais, et d'un journal de vigne au fief de la Chaume, contre deux pièces de terre en cotollage, près le village de Creuze, et un journal de vigne au Champ du Noyer.

10 février 1703. — Échange avec Jacques Neveu, garde de la Châtellenie de Cherveux, du journal de vigne au Champ du Noyer ci-dessus, contre demi-boisselée de terre à Mouchedune.

26 mai 1720. — Échange avec Pierre Massé, d'une boisselée de terre à la Croix Taille-Pied, contre une planche de jardin au Goguelais.

Voilà pour le père de famille ; voici pour le soldat :

Par ordonnance du lieutenant-général de St-Maixent, en date du 31 mai 1703, une provision de 400 livres, à prendre sur le prix des baux de la seigneurie des Défands, est allouée à Jean du Chesne, seigneur de Vauvert, pour se mettre en équipage de servir le Roi au ban. Jean du Chesne avait alors 56 ans : nous touchions au désastre d'Hochstest, et la noblesse n'était pas avare de son sang, à tout âge, quand le Roi la convoquait sous les drapeaux du pays. *Ense et aratro*, cette devise d'un illustre maréchal de France, s'applique à ces gentilshommes dont la vie se partageait entre les camps et les soins réclamés par le domaine de leurs aïeux.

L'agriculture, en effet, était chez eux en grand honneur, et ils tenaient à en conserver la direction. De là ces baux à moitié fruits que nous retrouvons presque partout en Poitou, et qui attestent de l'intervention directe du propriétaire. La ferme de la Porte de Vauvert, placée sous ce régime, était affermée, le 8 février 1722, aux frères Jacques et Pierre Maynard pour cinq années ; les preneurs reconnaissent tenir à cheptel : 2 bœufs ;

âgés de 4 ans, poil gâtineau, prisés 310 livres 15 sols, et 2 bœufs âgés de 3 ans, poil châtain, prisés 254 livres (1).

Nous avons dit qu'Anne du Chesne, femme de Théophile de Mallemouche, seigneur du Breuil-Xaintray, n'avait pas émigré. Anne était morte sans enfants ; un jugement du siège présidial de Poitiers, du 10 novembre 1697, ordonne que la recette générale des consignations délivre à Jean du Chesne, *seul et unique héritier* de ladite dame de Mallemouche, une somme de 6,000 livres provenant de sa succession. Cette qualité d'unique héritier nous apprend assez que les exilés n'étaient pas aptes à succéder en France.

Jean du Chesne avait assisté à la ruine du parti qui avait été le sien, et n'avait dû qu'à son jugement ferme et sûr d'échapper à la disgrâce commune. Bientôt il brisa complètement avec la Réforme et se fit catholique.

Le Roi en fut instruit, et par un brevet, signé de sa main, il octroya au « sieur de Vauvert » une pension de 400 livres ; ce brevet est du 2 août 1701. Pour que le nom de la seigneurie désignât seul le titulaire dans un pareil acte, il fallait que le droit fût bien ancien, car Louis XIV était jaloux des prérogatives de sa noblesse, et ne les consacrait qu'à bon escient.

Elisabeth Chalmot n'hésita pas à suivre l'exemple de son mari : leur fils, Josias, seigneur de Bois-de-Roche, tint longtemps pour la Réforme. Plus tard, et à une époque où la Réforme n'était plus poursuivie, il rentra dans le sein de l'Eglise catholique.

Le seigneur de Bois-de-Roche avait fourni déjà une assez longue carrière lorsqu'il fut accordé, le 24 février 1725, avec

---

(1) La race parthenaise avait fait ses preuves, puisque ses qualités lui avaient valu de donner son nom à un certain pelage. On voit aussi que la livre tournois avait perdu beaucoup de sa valeur.

damoiselle Anne David, fille de feu messire Logand David, écuyer, seigneur du Fief, et de dame Marie-Elisabeth Bellenger, dont la famille possédait la seigneurie de Luc, près Champdeniers. Anne David avait une sœur, Marie-Elisabeth, mariée à messire Gédéon d'Auzy, seigneur de La Voute : la propriété du Fief lui fut acquise en partage, ainsi que nous le verrons plus tard, et passa dans la famille de Vauvert par le mariage de Joseph du Chesne, petit-fils du seigneur de Bois-de-Roche, avec Mlle A. d'Auzy du Fief.

Anne David était catholique : aussi aux termes de son contrat de mariage avec Josias du Chesne, seigneur de Bois-de-Roche, est-il stipulé que la bénédiction nuptiale aura lieu à l'église. Les futurs époux adoptent le régime de la communauté, et en faveur de ce mariage Jean du Chesne se désiste du testament fait à son profit par Elisabeth Chalmot, sa femme. Josias, Elisabeth et Marie, sont seuls qualifiés *héritiers présomptifs* de Jean du Chesne.

Ce dernier avait alors 78 ans : il songea qu'un partage entre-vifs, en éloignant toute contestation, fixerait les droits de chacun de ses enfants, dont deux étaient mariés, et il y procéda le 28 mai 1725.

Josias, comme l'aîné, obtint à titre de préciput, suivant la coutume :

La maison noble de Vauvert;

Le grand pré;

La fruitière;

Le champ renfermé, moins trois boisselées.

Il est dit que ces trois derniers articles sont situés devant la maison de Vauvert, d'où il résulte que partie de l'ancienne avenue était plantée d'arbres à fruits.

Le reste de la fortune fut divisé en trois lots « les plus justes et les plus équitables que nous ayons pu faire par l'estimation qu'en a faite le sieur Pallardy, notre ami commun, avec l'approbation et connaissance de notre père, qui l'a bien voulu et s'est soussigné avec nous. » Voici la composition et l'attribution des lots :

1° A JOSIAS, seigneur de Bois-de-Roche :

La métairie de Vauvert ;
Les fiefs des Francs et de Pers ;
Le coteau de la Logette ;
Le bois de la Roche ;
La métairie du Teil ;
La métairie de Malvault ;
La rente de 6 livres 4 sols due sur la métairie de Puy-Foulard ;
Le papier censaire du logis de Vauvert.

2° A ÉLISABETH, dame de Bonnetie du Linaud :

La moitié de la métairie de la Vallonnière ;
Le quart de la maison de Bois-Rousset ;
Une rente de 24 livres, servie par Bois-de-Roche, en retour de partage ;
Une rente de 5 livres due par Masson ;
Une rente de 4 livres due par Morin ;
La rente de 4 livres, dite de Surimeau ;
Une rente de 4 livres due par la veuve Thébault ;
Une somme de 3,200 livres, reçue en dot.

3° A MARIE DU CHESNE :

La métairie du Vignaud ;
La moitié de la métairie de Pransac ;
Les terres et bois de Phelé ;
Une rente de 9 livres 10 sols, servie par Bois-de-Roche, en retour de partage ;
Une rente de 4 livres 10 sols due par La Bourolle ;
Une rente de 27 sols due par Paquinet ;

Une rente de 27 sols due par Beaudet;
Une rente de 15 sols due par Tabarit;
Une rente de 14 sols due par Bouleau, des Francs;
Une rente de 10 sols due par Lavenne.

Jean du Chesne survécut une dizaine d'années à ce partage : il eut le bonheur de voir ses trois enfants mariés autour de lui, — Marie ayant épousé, le 9 février 1726, Pierre-Claude de Bonnetie, sieur de Goize, — et mourut plus qu'octogénaire.

VII. JOSIAS DU CHESNE, Seigneur de Vauvert.

Par son mariage avec Anne David, Josias du Chesne avait ajouté à son patrimoine les terres et seigneuries du Petit-Quairay, de Laudouardière et du Vignault. C'étaient là de beaux fleurons rattachés à une couronne que la Réforme avait démantelée !

Un an s'était à peine écoulé, depuis son union avec Josias du Chesne, qu'Anne David l'instituait son légataire par un testament reçu par Moreau et Germain, notaires de la châtellenie de Cherveux, mandés à cet effet à la maison noble de Vauvert, « dans une chambre haute ayant son aspect, du côté d'Orient, sur le jardin, et du côté d'Occident, sur la cour dudit logis. » Josias, à son tour, voulut que la donation fût mutuelle, et l'acte, qui est de 1726, porte que le dernier survivant aura « les meubles, acquêts et conquêts immeubles et le tiers des propres » de son conjoint, nonobstant survenance d'enfants pendant le mariage.

Les enfants survinrent au nombre de sept : l'aîné d'entr'eux naquit cette même année 1726, fut baptisé le 1er mars, et reçut le prénom de Jean avec le titre de Bois-de-Roche. Singulière destinée des deux Bois-de-Roche ? La jeunesse de Josias avait été aux prises avec des temps difficiles, et Jean devait finir ses jours dans les prisons de la Terreur !

Dès l'année 1731, Mme du Fief, veuve de Logand David, partagea entre ses deux filles, MMmes d'Auzy et de Bois-de-

Roche, la succession de leur père et son propre héritage. Mme de La Voute d'Auzy, comme l'aînée, eut le préciput d'usage du côté de père et de mère. Ce droit prélevé sur le Fief et le Petit-Quairay, la propriété du Fief lui fut attribuée; Mme de Rois-de-Roche reçut pour sa part le Petit-Quairay, Laudouardière, et le Vignault. .

Deux ans plus tard, la terre de Mardre, indivise entre M. de Laroche-Langerie et MMmes d'Auzy et de Bois-de-Roche, fut tirée au sort contre une somme de 8,400 livres de retour. Les deux billets jetés dans un chapeau, on fit appel à « un pauvre passant, absent au moment où ils ont été écrits, » pour dicter l'arrêt de la fortune. M. de Laroche-Langerie, dont le nom fut proclamé le premier, devint possesseur de toute la terre de Mardre.

Le 3 avril 1736, M. de Vauvert, âgé de 89 ans, par un codicile signé de sa main, excepte du don mobilier fait à Mme de Goize les pensions sur le trésor royal qu'il lègue à Josias, dont l'affection filiale ne s'était jamais démentie.

Deux pièces importantes, datées des 1er février et 22 décembre 1741, nous fournissent d'intéressants détails sur les droits seigneuriaux des terres du Petit-Quairay et de Laudouardière. La première de ces pièces est un acte de vente, moyennant 529 livres 14 sols, de la borderie de Brizon, faite par les héritiers Gogué à M. de Bois-de-Roche, pour cause de *retrait féodal*, ladite borderie relevant directement du Petit-Quairay, et par arrière-fief du Grand-Quairay dont le régisseur, à cette époque, portait le nom de Rouget. Dans ce cas, les émoluments de fief, ou retenue féodale, appartenaient au seigneur direct comme étant « le plus près du fonds : » tel était « le désir » de la coutume du Poitou. — La deuxième pièce renferme une citation au sieur de La Rivière, demeurant au bourg de La Vineuse, d'avoir à comparaître en la cour de la baronnie de

S{to}-Hermine, pour hommage par lui dû à la terre de Laudouardière. Le jugement ne fut rendu que le 5 juillet 1748 : il porte en substance condamnation du défendeur à rendre à Josias du Chesne, écuyer, seigneur de Vauvert et de Laudouardière, les foi et hommage, dénombrement des domaines nobles qu'il tient dans la mouvance dudit seigneur, déclaration roturière de ceux qu'il tient en roture, exhibition des contrats d'acquêts faits depuis 30 ans pour en prendre, par ledit seigneur, émoluments de fiefs que de droit ; à lui payer les lots et ventes, rachats, sous-rachats, arrérages de cens, rentes et deniers ; à satisfaire à tous les cas de la coutume, aux amendes coutumières, etc. Toutes les prérogatives du seigneur y sont consignées, et cela à 41 ans d'une révolution qui devait faire table rase des hommes et des choses, des droits et des devoirs ! Il ne faudrait pas toutefois, pour se faire une juste idée de ces prérogatives, prendre à la lettre cette longue énumération de devoirs féodaux, ce pompeux étalage de droits : la procédure moderne n'est pas exempte de ce luxe de mots, et si l'on pesait chacun des termes d'une procuration *en bonne et due forme*, on hésiterait presque avant de livrer au plus honnête homme un arsenal aussi formidable.

La maison de St-Gelais, après avoir donné à Henri IV l'un de ses capitaines les plus illustres, avait été frappée avec la Réforme dont elle avait soutenu la cause les armes à la main. Cherveux, résidence de ces seigneurs, où ils s'étaient plu à construire le magnifique château qui accuse encore, jusque dans son délabrement, la puissance et la richesse de ses anciens maîtres, Cherveux avait sa cour de justice et ses notaires « jurés d'icelle. » Cette seigneurie était passée par alliance dans la famille du Plessis-Châtillon.

Le marquis du Plessis-Châtillon, grand seigneur, homme de cour, habitait Paris, et ne visitait que rarement sa terre de

Cherveux.—Les choses se passent encore malheureusement ainsi de nos jours. — M. du Chesne, seigneur de Vauvert, devenait dès-lors l'intermédiaire-né entre le seigneur de Cherveux et les habitants de ce bourg : de là une correspondance qui embrasse une période de dix années (1740-1750). Nous y voyons le marquis du Plessis-Châtillon, très jaloux de ses droits de chasse, n'accepter qu'à regret les bons offices de M. du Chesne en faveur des délinquants. Il poursuit les braconniers à outrance, il se plaint de la lenteur de la procédure à leur égard, et toutefois il demande un tireur adroit pour lui avoir du gibier « à 5 ou 6 sols la pièce, à l'effet de ragoûter Mme la Marquise, qui relève d'une fièvre continue. » Ces lettres donnent la date de l'établissement du marché de Cherveux : ainsi M. du Plessis-Châtillon écrit à M. de Bois-de-Roche, le 28 avril 1749 : « Je suis bien aise que mon marché réussisse ; quant à la foire que vous me proposez d'établir à Cherveux, je crois qu'il ne suffit pas de la faire trompetter comme le marché que j'ai toujours eu droit d'avoir *par la terre même*. Je crois qu'il faut, pour l'obtenir, présenter une requête au Conseil ; faites-la dresser et me l'envoyez. Il faut prouver que le jour où on la demande, il n'y en a aucune autre à trois lieues à la ronde, et que le canton la désire, et où sont celles qu'on tient la veille, ou le lendemain, ou le surlendemain. Alors je la présenterai au Conseil et, comptant obtenir cette fois, j'en enverrai la patente que l'on fera trompetter et afficher. » Ces démarches furent couronnées d'un plein succès.

Plusieurs des lettres de M. le marquis du Plessis-Châtillon contiennent des nouvelles de la guerre si fatalement entreprise contre l'héroïque Marie-Thérèse d'Autriche, au profit de l'Electeur de Bavière. Nous avons remarqué ce bulletin, du 22 juin 1742 : « M. de Broglie est réfugié sous Prague, son arrière-garde a été battue en y allant : on craint que les 44,000 Autrichiens ne viennent l'attaquer. Etant inférieur à eux, il manque de subsistance. M. d'Harcourt, avec 15,000 hommes, est en Bavière, et ne peut rejoindre M. de Broglie ni M. de Belle-Isle. Ces inconvénients me font saigner le cœur, car je suis bon citoyen. » Paroles admirables, où se peint toute la noblesse française!

La correspondance de M. du Plessis-Châtillon avec M. de Vauvert de Bois-de-Roche finit en 1750 : le 1er mai 1750, il prie Mme de Bois-de-Roche de vouloir être la marraine de la nouvelle cloche « que l'on fond en ce moment pour mon église de Cherveux. » Il eût demandé M. de Bois-de-Roche pour le remplacer lui-même en cette circonstance « sans la différence de religion d'entre nous. » A cette date, M. de Vauvert était donc protestant.

L'aîné des fils de Josias du Chesne avait embrassé la carrière des armes, à l'exemple de ses aïeux ; il appartenait au régiment de Cambrésis, et obtenait une compagnie en l'année 1754. Le 16 décembre de cette même année, M. de Vauvert, pour subvenir aux dépenses nécessitées par l'obtention du brevet de capitaine en faveur de Jean du Chesne, son fils, emprunte 1500 livres à M. Baugier, marchand à Niort. Jacques du Chesne, frère puîné de Jean, servait dans le même régiment, et parvint comme son frère au grade de capitaine : il passa plus tard en cette qualité au régiment de Saintonge.

En 1757, M. de la Chastre, colonel du régiment de Cambrésis, écrit à M. Jean du Chesne, qui portait ainsi que son père le titre de Bois-de-Roche, que Cambrésis fait partie de la deuxième colonne de l'armée que l'on dit destinée à la Westphalie, et qu'il ait à se tenir prêt à partir au premier signal. Le régiment de Cambrésis rejoignit en effet l'armée d'Allemagne, où il se fit remarquer dans la retraite qui suivit le désastre de Rosbach. Il revint en France affaibli par une suite de combats meurtriers, et le 21 mars 1760 il fut embarqué pour l'Isle de France, où il séjourna trois ans. Le capitaine de Bois-de-Roche suivit son régiment dans cette colonie française, et le 31 juillet 1761 il donnait à Port-Louis une procuration par laquelle il investit M. de Bonnetie de Jonchères de pleins-pouvoirs pour régir ses biens et affaires en France.

A quelque temps de là, Josias du Chesne, seigneur de Vauvert, s'éteignait à l'âge de 86 ans ; il fut inhumé dans l'église de Cherveux le 22 août 1762, après avoir reçu pendant sa maladie « les sacrements de pénitence et d'extrême-onction. » Ce sont les termes de son extrait mortuaire : ils prouvent que Josias s'était fait catholique.

Nous avons dit que Josias du Chesne, seigneur de Vauvert et de Bois-de-Roche, avait eu sept enfants de son mariage avec Anne David. Voici leurs noms et les qualifications qui leur sont attribuées dans l'acte de partage des successions de leurs père et mère, en 1764 :

VIII. JEAN DU CHESNE, Seigneur de Vauvert, Chevalier de Saint-Louis.

1° Jean du Chesne, chevalier, seigneur de Vauvert, chevalier de l'ordre royal et militaire de St-Louis, capitaine d'infanterie au régiment de Cambrésis ;

2° Pierre du Chesne de Quairay, écuyer ;

3° Jacques du Chesne, écuyer, capitaine réformé d'infanterie au régiment de Cambrésis ;

4° Joseph du Chesne, écuyer ;

5° Augustin du Chesne de l'Isle, écuyer ;

6° Elisabeth du Chesne de Vauvert ;

7° Marie du Chesne de Quairay.

Ce partage témoigne d'une manière bien remarquable de l'union et de l'affection qui régnaient entre les membres de cette grande famille. Jacques, Joseph, Augustin, Elisabeth et Marie déclarent vouloir vivre à Vauvert avec leur aîné : il est entendu qu'il n'y aura point entr'eux communauté de meubles, et que les revenus de leurs immeubles seront abandonnés à l'aîné à titre de pension pour chacun d'eux. Déjà, par un testament en date du 20 octobre 1763, MM^{lles} Elisabeth et Marie du Chesne s'étaient légué mutuellement une somme de 2,000 livres que leur avait laissée leur parente, Mme de Saint-Marc. Ces frères et sœurs qui veulent vivre ensemble, qui se donnent leurs biens au dernier survivant, avaient reçu, il faut bien en convenir, une éducation toute différente de celle de notre génération : l'esprit de famille avait poussé dans ces nobles cœurs de bien puissantes racines pour que la mort ne pût en rompre le faisceau, et que l'aîné tînt la place du père !

De retour en France avec son régiment, et devenu, par la mort de son père et la résolution de ses frères et sœurs de vivre à Vauvert, le chef de sa famille à double titre, Jean du Chesne songea à se marier dans son pays, selon l'usage de ses aïeux : il offrit un nom respecté et aimé en Poitou à demoiselle Marie-Jeanne Jouslard, et fut agréé. Le contrat est du 26 décembre 1766. La future se dote de tous les droits mobiliers et immobiliers à elle échus par la mort de ses père et mère, de son oncle et de son frère, lesdits meubles estimés 3,500 livres, d'un billet de 1,500 livres souscrit par Mme de Veillechèze de La Mardière, sa tante, et de 1,000 livres argent comptant.

Deux enfants naquirent de cette union : Maixende en 1767, et Joseph en 1769.

Les frères et sœurs de Jean du Chesne moururent sans postérité : Élisabeth fut enlevée à sa famille à l'âge de 38 ans, en 1768 ; Augustin en 1779, à l'âge de 40 ans ; Jacques finit ses jours dans l'émigration ; Joseph périt assassiné au village du Goguelais en 1815 ; Pierre n'eut point d'enfants de son union avec Gabrielle de Manceau, et Marie ne fut jamais mariée : connue sous le nom de Mlle de Quairay, elle mourut en 1827, dans un âge très avancé, aimée et regrettée de tous.

Le partage de la succession de M. Augustin du Chesne de l'Isle, en 1779, nous apprend que chacun des enfants de Josias du Chesne avait eu 255 livres de rente ou environ en biens-fonds, ce qui porte le total de la fortune immobilière à 2,000 livres de rente, somme considérable, il y a cent ans.

Cette année 1779, le Roi, par un brevet signé de sa main, accorde une pension de 400 livres à Jean du Chesne, seigneur de Vauvert et de Bois-de-Roche, capitaine au régiment de Cambrésis : il était chevalier de St-Louis depuis 1762. Que l'on se dise que la Royauté traitait favorablement l'armée, et que l'on compare ce chiffre de 400 livres, quand il s'agit d'un capitaine, chevalier de St-Louis, au traitement de retraite d'un officier de ce grade, de nos jours, on aura une nouvelle preuve de la valeur élevée de la livre tournois.

Nous avons encore de Jean du Chesne un bail de la ferme de Vauvert, du 9 avril 1780, et un sous-seing de vente des arbres de l'avenue devant Vauvert, du 7 août 1773. Il s'agissait dans ce dernier acte de 60 pieds d'ormeaux, vendus à un sieur Gilles, marchand de bois à Niort, pour le prix de 1,700 livres (1).

Le fils de Jean du Chesne, seigneur de Vauvert et de Bois-de-Roche, Joseph, tout jeune qu'il fût, était entré au régiment de Saintonge le 18 juin 1783, en qualité de volontaire. Il reçut des lettres de sous-lieutenant le 23 novembre 1784, ainsi qu'en témoigne une attestation signée : Vicomte d'Allemans, mestre-de-camp, commandant le régiment de Saintonge ; marquis de

---

(1) L'acquéreur était tenu de creuser les trous destinés à recevoir une nouvelle plantation : l'avenue, dont les arbres ont été abattus en 1860, datait évidemment de cette époque; c'est dire qu'elle comptait à peu près 86 ans.

Montmort, mestre-de-camp en second ; chevalier de La Vallette, lieutenant-colonel; chevalier de Villeneuve, major.

Joseph du Chesne avait sous les yeux les exemples de son père et de son oncle, Jacques du Chesne, capitaine dans ce même régiment de Saintonge, chevalier de S¹-Louis, et à qui le chevalier de La Valette, son lieutenant-colonel, écrivait le 18 août 1788 cette lettre si flatteuse :

« Je m'empresse, mon cher du Chesne, de vous faire passer le certificat de l'obtention de votre croix, qui cependant ne vous servira pas, et vous devient inutile pour l'affaire de la pension, parce qu'elle vous sera adjugée, j'en suis sûr, vous ayant vu sur l'état qui est fait et arrêté : ainsi, soyez tranquille.

« Je voudrais bien que vous soyez aussi assuré d'une lieutenance-colonelle quelconque que vous avez bien méritée, et que je désire que vous obteniez bientôt.

« Vous connaissez, mon cher du Chesne, l'attachement et l'amitié que je vous ai voués pour la vie.

« Signé : La Vallette. »

Cette lieutenance-colonelle, prix de loyaux services, couronnement d'une vie d'honneur militaire, Jacques du Chesne ne put l'obtenir. Qui sait? d'autres moins méritants et moins fidèles, furent peut-être préférés. Heureuse la Royauté si elle eût su toujours récompenser à leur valeur les vrais services et les sujets dévoués, dévoués jusqu'à la mort ! Jacques du Chesne fut de ce nombre.

Il appartenait, lui, non à ces courtisans que la République devait retrouver à la tête de ses armées, mais à cette noblesse de province où les traditions de famille perpétuaient le dévoûment au pays et au Roi, où le père montrait avec orgueil à son fils cette croix de S¹-Louis, gagnée à la pointe de l'épée, et que l'on ne prodiguait pas, même aux braves !

Répétons-le, c'étaient là de nobles exemples pour Joseph du Chesne, fils et neveu de chevaliers de St-Louis. Ce glorieux titre était également réservé à sa bravoure.

L'heure de la Révolution avait sonné !

Le même jour, dans toute la France, par suite d'un mot d'ordre émané de Paris, une panique saisit les esprits. Des émissaires parcourent les campagnes, semant sur leur passage les bruits les plus sinistres de soulèvements, de meurtres, d'incendies. Chacun tremble pour soi et se sent menacé : la ville semble un refuge plus sûr, on y court.

Alors on vit, dans certaines provinces, les effets succéder aux menaces : les scènes les plus effroyables de la Jacquerie firent frémir les cœurs les plus intrépides. La conspiration avait jeté le masque : elle marchait le fer et le feu à la main, déchaînant toutes les passions, toutes les haines, toutes les fureurs. Le cri de mort aux nobles ! mort aux prêtres ! fut le signal de cette horrible boucherie qui mit un fleuve de sang entre l'Europe monarchique et les cannibales républicains.

Toute société a ses digues : celles de la société française furent rompues, et livrèrent passage aux flots dévastateurs. L'anarchie était partout; le Roi demeurait sans pouvoir, le soldat s'insurgeait contre ses chefs et faisait cause commune avec les niveleurs. Force fut à la noblesse de se retirer des camps où elle avait porté si haut l'honneur du drapeau français; bientôt sa retraite ne put suffire à la protéger contre les violences des révolutionnaires acharnés à sa perte. L'abandon des dignités, le sacrifice volontaire des priviléges, des droits, rien n'apaisa la rage de ses ennemis, rien ne désarma la jalousie du Tiers. Il vint un jour, pour le malheur de la France, où ses enfants les plus dévoués, les aînés de la Nation, ne furent plus en sûreté sur ce sol qu'ils avaient conquis pied à pied, et que pendant des siècles ils avaient défendu au prix de leur sang. Pourchassés, traqués comme des bêtes fauves, entourés d'embûches et d'espions, ils émigrèrent. Voilà la vérité sur ces temps maudits : nous l'avons recueillie sur les lèvres de nos pères, et s'il plaît à Dieu, nous la transmettrons à nos enfants.

Jacques du Chesne et Joseph du Chesne, l'oncle et le neveu, tous deux officiers au régiment de Saintonge, prirent le chemin de l'exil. Ils eurent bientôt rejoint le noyau de l'armée de Condé, dont ils partagèrent les dangers et les fatigues. Cette poignée de braves, tous chefs devenus soldats, combattit sur les frontières pour la cause royale : la Vendée n'avait pas encore pris les armes.

Cependant, Jean du Chesne, trop âgé pour suivre son frère et son fils, s'était retiré à St-Maixent avec sa femme et sa fille. La Terreur avait inauguré son ignoble pouvoir par l'assassinat juridique de l'infortuné Louis XVI. Le Roi mort, ses serviteurs étaient voués d'avance au même sort. On procéda d'abord à leur arrestation en masse : le département des Deux-Sèvres reçut à ce sujet les sauvages instructions du sanguinaire Comité de *Salut public*. — Il appartenait aux Terroristes de tout souiller, jusqu'à la langue française.

En conséquence, et sur l'avis émané de l'administration des Deux-Sèvres, le district de St-Maixent tint séance dans la nuit du 3 au 4 avril 1793, et ordonna l'arrestation de : 1° Antoine de Laage; 2° Brossard du Châtelier; 3° du Chesne de Vauvert, sa femme et sa fille; 4° Noël-Abel Pastural, prêtre. Les considérants de l'arrêt portent que le district a été invité par l'administration des Deux-Sèvres à mettre en lieu sûr les MALINTENTIONNÉS! Cela est écrit sur papier timbré du bonnet phrygien, avec la devise « *justice à tous.* » Bientôt la maison d'arrêt de St-Maixent ne paraît pas un lieu *assez sûr* : les prisonniers sont transférés au château de la ville. Puis arrive un des commissaires de la Convention qui ordonne de les diriger sur Ruffec, et de là sur Angoulême. Nous transcrivons cet ordre textuellement :

SÉANCE DU DISTRICT DE MAIXENT (1)

Du 11 mai 1793.

« Le procureur syndic et le procureur de la commune présents. Le C *** (2), représentant de la nation française, député et commissaire de la Convention *nationnalle* (sic) dans les départements de la Vendée et des Deux-Sèvres, a représenté qu'il avait appris qu'il y avait *de* détenues en la maison du château plusieurs personnes suspectes, et qu'il est absolument urgent de les faire transférer à *Rufec* ou à Angoulême.

« Le procureur syndic et le procureur de la commune entendus, arrête que dans l'instant il sera pris *touttes* les précautions nécessaires pour transférer sous bonne et sûre garde les personnes détenues au château de cette ville en la ville de Ruffec et remis à l'administration de ce lieu pour qu'*il* les fasse conduire de *suitte* à Angoulême.

« Les conseils chargent les procureurs syndic et de la commune de l'exécution du présent arrêté qui sera exécuté dans le jour si faire se peut. »

Ces MALINTENTIONNÉS, ces SUSPECTS que l'on traînait ainsi de prison en prison étaient autant de victimes marquées pour l'échafaud.

A dater de cet instant, ils étaient inscrits sur la fatale liste de

---

(1) On avait supprimé les noms des saints : il est vrai que le seul souvenir des vertus qu'ils rappelaient devaient faire pâlir les hommes de ce temps!

(2) Nous tairons ici les noms des agents de la République dans les Deux-Sèvres : oublions les personnes, et ne jugeons que les actes.

proscription ; leurs noms figuraient au sinistre tableau dont voici les cadres tracés en lettres de sang :

1° Nom du détenu; son domicile avant sa détention; son âge, le nombre de ses enfants, leur âge; où ils sont. S'il est veuf, garçon ou marié?

2° Le lieu où il est détenu; depuis quand? à quelle époque? par quel ordre? pourquoi?

3° Sa profession avant et depuis la Révolution ;

4° Son REVENU avant et depuis la Révolution ;

5° Ses relations, ses liaisons ;

6° Le caractère et les opinions politiques qu'il a montrés dans les mois de mai, juillet et octobre 1789; au 10 août; à la fuite et à la mort du tyran; au 31 mai; et dans les crises de la guerre. S'il a signé des pétitions ou arrêtés liberticides.

Les mailles de cet infernal réseau étaient-elles assez serrées? Les nobles et les riches d'abord, puis tous les honnêtes gens étaient sacrifiés, condamnés d'avance. Il n'y avait de sûreté que pour les Jacobins !

Et voici comment les administrations départementales remplissaient les instructions des bourreaux transformés en juges; c'est l'esprit de Robespierre qui dicte la réponse suivante du *comité de surveillance* de Niort au sujet de Mlle Lise d'Auzy, détenue pour CRIME D'ARISTOCRATIE :

« 1° Lise d'Auzy, fille, âgée de 27 ans, demeurant à Niort;

2° Détenue à Niort depuis le 30 mars 1793 par ordre du département *pour cause d'aristocratie;*

3° Ex-noble;

4° Rien : elle a son père et sa mère ;

5° Avec les ex-nobles et les aristocrates ;

6° Elle paraît douter encore si le tyran mérita la mort; son père est prévenu d'avoir voulu empêcher le recrutement des 300,000 hommes. Elle n'a donné aucune preuve de civisme. »

Promoteurs de cette longue suite de meurtres et d'assassinats juridiques à travers lesquels se déroule la Révolution, avec quelle complaisance les terroristes en rappellent les étapes sanglantes : la prise de la Bastille, le massacre des gardes à Versailles, le supplice du Roi, et l'envoi à l'échafaud des Girondins régicides ! Et, pour que rien ne manque à l'enseignement, cette série d'attentats en germe dans les tristes divisions des Etats ! divisions fomentées par les futurs Jacobins, qui demandent maintenant ce que l'on pensait à cette époque, dès le début, en mai 1789, au jour où trompés, fascinés, menacés par ces hommes et leurs séïdes, et à leur instigation, les députés de la France, pour le malheur de notre pays, déchirèrent leurs cahiers, éternels monuments de la sagesse de nos pères, ces cahiers dont les gouvernements modernes se sont efforcés de réunir les débris pour y retrouver des éléments de force, de vie, de grandeur nationale, ce qu'on est convenu en un mot d'appeler de nos jours les principes de 89 !

Il s'agissait bien de cela, de la France et de ses principes, pour les Jacobins de Robespierre et leurs affiliés des départements ! Ils avaient trop à faire de désigner du doigt leurs victimes et de les parquer pour l'échafaud !

Interné à Angoulême, Jean du Chesne succomba bientôt aux tortures morales et physiques : à son chevet de douleurs deux femmes pleuraient sur un époux, sur un père ! Il fallut bientôt cacher les larmes, elles étaient suspectes.

Un an plus tard, la chûte de Robespierre mit fin à la Terreur : Mme de Vauvert et sa fille, rendues à la liberté, revinrent à St-Maixent.

Pendant que la Révolution s'acharnait ainsi sur sa famille, Joseph du Chesne, proscrit, condamné à mort, frappé dans sa personne et dans ses biens, avait changé l'épée de l'officier contre le mousquet du soldat.

IX. JOSEPH DU CHESNE DE VAUVERT, Chevalier de Saint-Louis.

Lorsqu'à 70 ans de distance, nous inspirant des récits des combattants dans cette lutte gigantesque, nous recherchons la cause de l'insuccès des efforts généreux de la Vendée, des Deux-Sèvres, des départements de l'Ouest, secondés des vœux de tous les honnêtes gens, nous ne pouvons l'attribuer qu'à l'absence de direction. A ce soulèvement sans exemple dans l'histoire, il manqua toujours ce chef tant appelé, et qui ne vint pas ! De là des divisions, des tiraillements, des lenteurs funestes !

La Révolution, elle, organisée, centralisée, marchait droit au but, à travers le sang et les ruines, par la guillotine et la confiscation. A l'effet d'attacher sa cause au sol même, elle séquestra les propriétés de ceux qu'elle immolait à ses fureurs, s'en attribua les revenus, et mit aux enchères les biens des victimes comme *biens nationaux* : fortune offerte à vil prix, car on payait en assignats sans valeur ! triste appât jeté à la convoitise en ces jours de défaillance morale !

Toutefois, disons-le à l'honneur de notre pays, la conscience publique, dont il est plus facile de comprimer l'élan que d'étouffer la voix, frappa cette mesure de réprobation et les ventes de discrédit. Les fermiers et les acquéreurs de *biens nationaux* furent souvent étrangers à la commune, au canton, et même au département.

Vauvert fut compris parmi les biens placés sous le séquestre de la Convention. Par adjudication, en date du 14 mai 1794, un sieur R..., de *Nantes*, se rendit fermier national de Vauvert et de ses réserves, pour la somme de 1,200 livres et pour 10 milliers de foin.

Au milieu de cette affreuse tourmente, Mlle Marie du Chesne n'avait pas quitté Vauvert : elle y était comme le bon génie que l'antiquité commettait à la garde du foyer domestique. Soutenue par les sympathies de la généralité des habitants de Cherveux,

elle endurait en silence la surveillance et les tracasseries journalières de la municipalité révolutionnaire. Les visites domiciliaires se succédaient à Vauvert où les inquisiteurs de la République voyaient des emblêmes de conspiration jusque dans les vieux habits et les boutons argentés des maîtres absents. Cela résulte de l'inventaire du mobilier, sous les scellés de la Nation, dressé à la requête du sieur R..., fermier municipal, par les municipaux de Cherveux. A ces derniers il ne fallait pas moins de deux journées entières pour l'accomplissement de leur minutieuse perquisition, et comme toute peine mérite salaire, ils se faisaient payer, par Mlle du Chesne de Vauvert, 24 livres pour leurs vacations : l'odieux le dispute au ridicule !

Deux ans s'écoulent, et les biens appartenant à Joseph du Chesne, du chef de son père, sont mis en vente. Il ne se présenta personne, parmi les habitants de Cherveux, pour devenir riche à si peu de frais ; mais les étrangers à la commune pouvaient être moins scrupuleux. Dans cette conjoncture délicate, Mme et Mlle de Vauvert, résolues à sauver à tout prix le patrimoine de l'exilé, se rendirent adjudicataires des terres confisquées sur lui, à savoir :

La moitié de la métairie du Petit-Quairay, pour.	11,690^f 32^c
Le quart de la métairie du Courtiou, pour. . .	2,666 60
La moitié de la maison et métairie de Vauvert, pour.	13,777 73
Total.	28,134^f 65^c

Ce n'est pas seulement sur une succession ouverte que porte la confiscation : le présent ne suffit pas à l'avidité républicaine, les biens à venir de l'émigré lui appartiennent d'ores et déjà. Cette éventualité, estimée au quart pour le cas de deux enfants, est saisie sur l'émigré, et un arrêté du département des Deux-Sèvres, du 17 juillet 1798, fixe à 23,655 livres 7 sols 5 deniers la part de la République dans la fortune de Mme de Vauvert. Cette somme est remplie par la réunion au domaine national des rentes et immeubles suivants :

Rente de 119 livres 3 sols 6 deniers, due par M. Guichard d'Orfeuille................	2,383^l 10^s »^{d}
Sept années d'arrérages...........	546 13 4
Rente de deux boisseaux de froment, due par les bénédictins de St-Maixent.......	259 12 »
Sept années d'arrérages...........	40 12 »
Une part dans la succession de M. Joseph Viault du Breuillac................	1,402 » »
La métairie de la Sarraudière, commune de Saivres...................	6,570 » »
Les 2/3 de la métairie de la Fuie, commune de Souvigné...................	12,440 » »
Total......	23,642^l 7^s 4^d
Supplément à faire par Mme de Vauvert...	13 » 1
Somme égale.....	23,655^l 7^s 5^d

Il faut convenir que la République battait monnaie sur une large échelle : un emprunt de 100 millions, décrété le 7 août 1798, vint ajouter encore aux malheurs des temps. Le receveur général des Deux-Sèvres informe Mme et Mlle du Chesne de Vauvert que le jury les a taxées, pour cette contribution, à la somme de 313 livres : impossible de mieux ruiner les gens !

La confiscation et l'impôt extraordinaire achevèrent de discréditer le Directoire. Ce gouvernement immoral agonisait : le

9 novembre 1799 (18 brumaire), le général Bonaparte renversait cet odieux pouvoir aux acclamations du pays, et prenait l'autorité en mains avec le titre de premier Consul : son ambition et son génie demandaient mieux. La France respirait : bientôt les églises furent rouvertes, et les exilés rappelés. Les biens non vendus furent rendus à leurs légitimes propriétaires : le sort des *biens nationaux* aliénés ne fut pas changé. Bonaparte comprit qu'il trouverait des soutiens dévoués chez des hommes dont le républicanisme abdiquerait devant les garanties de conservation offertes par l'établissement d'une dynastie nouvelle. A ce prix les acquéreurs de biens nationaux étaient prêts à étouffer la République. Le premier Consul le savait ; l'Empereur n'eut garde de l'oublier.

Quoiqu'il en soit, Bonaparte apparut à la France comme un libérateur, « semblable, dit Châteaubriand, à l'un de ces géants dont parle l'Ecriture et qui se montrèrent après le Déluge. » Cette magnifique image est frappante de vérité : n'était-ce pas un déluge qui avait passé sur notre patrie ? L'étoile du plus grand capitaine des temps modernes se levait sur des ruines.

Après de longues années, les portes de la patrie ne furent plus fermées aux émigrés. Avec quels transports ils saluèrent cette terre de France si longtemps absente ! Hélas ! combien étaient morts en lui gardant leur dernière pensée ! Joseph du Chesne revenait seul : son oncle, Jacques du Chesne, avait succombé aux fatigues, aux privations, aux douleurs de l'exil. Joseph revenait seul, et son vieux père ne l'attendrait pas au seuil de Vauvert ! il serait privé de ses embrassements ! Il n'est pas ici-bas de joie sans mélange ; et qu'on se figure le bonheur de Joseph du Chesne de revoir sa mère, sa sœur, sa tante, ses parents, et son cher Vauvert ! Il manquait à sa famille, il manquait au pays : ce fut un beau jour que celui-là.

Joseph du Chesne avait payé à la Royauté le plus large

tribut : il n'avait rien à demander à l'Empire. Il devait, à l'heure où son épée était brisée, trouver dans la retraite la douce récompense de l'homme de bien : l'amour des siens et l'estime publique.

Mlle du Chesne qui avait racheté partie du bien de son frère n'avait voulu le sauver que pour le lui rendre. Nous avons vu que l'union était une tradition chez les du Chesne de Vauvert. Par une coïncidence remarquable, Mlle du Chesne devait entrer dans une famille qui avait obéi au même sentiment généreux. Mme Jau de Chantigné, née Avice de Surimeau, avait également renoncé au bénéfice du rachat des biens de son frère, aussi émigré, compagnon d'armes de Joseph du Chesne, et plus tard son beau-frère.

Joseph du Chesne épousa Mlle A. d'Auzy du Fief, dont il eut : Augustin, Léopold, Jules.

Lors de la rentrée des Bourbons, M. du Chesne fut nommé chevalier de Saint-Louis. A ce moment, la grande question des *biens nationaux* fut portée devant les Chambres : elle l'avait été d'abord devant l'opinion. Parmi les acquéreurs de *biens nationaux*, quelques-uns offraient de rendre, plusieurs de partager, tous de composer. En bonne justice, deux solutions demeuraient possibles : rembourser les acquéreurs ou indemniser les anciens propriétaires. Ce dernier parti prévalut, et l'indemnité fut votée. Elle eut le sort des vues politiques les plus larges et les plus sages : elle ne satisfit personne, et ce qui aurait lieu de surprendre, si la passion n'était aveugle, cette mesure devint une arme entre les mains de ceux dont elle avait pour objet de régulariser la position.

M. du Chesne et sa sœur furent compris dans l'indemnité pour une somme de 1,378 fr. de rente 3 %, inscrite au grand-livre. Qu'était cette faible compensation auprès de la valeur des biens confisqués ? Et voilà pourtant ceux que l'esprit de parti proclamait, par les cent voix d'une presse soi-disant libérale, les privilégiés ! La Révolution voyait son œuvre de spoliation réparée par la sagesse du Roi et le désintéressement des royalistes : elle siégeait dans les conseils de la Royauté et du pays ; elle occupait les places, les dignités, les honneurs ; sa haine était demeurée.

Napoléon avait pendant 15 ans rempli le monde de son nom : tout avait plié, cédé, désarmé. Le nouveau Charlemagne en était venu à ce degré de prospérité qu'il n'avait d'autre ennemi que lui-même. L'onction sainte avait consacré le prestige de la gloire et le suffrage des peuples. Il régnait, maître accepté et absolu, dictant ses lois à l'Europe. La France, pleine de son Empereur, avait oublié jusqu'au nom de ses anciens rois.

Ces rois étaient revenus : on s'était souvenu d'eux à l'heure des revers. Ils rapportaient le gage de la paix, et les bienfaits qui en découlent. Épuisée, haletante, la patrie les reçut comme ses pères : l'enthousiasme fut immense. La période de la Restauration égala en durée celle du Consulat et de l'Empire.

En vain les Bourbons voulurent oublier; en vain ils s'efforcèrent de rassurer leurs implacables ennemis par des ménagements et des concessions extrêmes, au risque de paraître ingrats envers leurs amis. Les défenseurs de la Royauté, aux jours où la Convention lui dressait un échafaud, ne seraient-ils pas toujours acquis à sa cause ? Le souvenir de leurs services n'était-il pas importun aux révolutionnaires qu'il fallait gagner ? Politique fatale, et qui devait aboutir à la Révolution de juillet.

1830 ! date funeste. L'ère des révolutions fut rouverte aux ambitions désordonnées : les royalistes chassés de toutes les positions, un instant menacés dans leur sûreté, livrèrent au duc d'Orléans, couronné par 221 députés, ce combat de 18 ans dont les phases appartiennent à l'histoire.

Éloigné des affaires et retiré à Vauvert, M. du Chesne sut se concilier l'estime de tous et l'affection d'une société qui le regardait avec raison comme le type du parfait gentilhomme. Élevé à la rude école du malheur, il avait traversé des jours difficiles, et goûté le pain amer de l'exil. Mêlé à tant d'événements, une expérience hâtive des hommes lui avait laissé une grande bienveillance pour eux. Il avait retenu d'un âge effacé l'affabilité, la politesse, les manières exquises : toutes choses qui s'en vont.

Joseph du Chesne mourut en janvier 1839, laissant de son mariage avec A. d'Auzy du Fief :

1° AUGUSTIN, enlevé par une mort prématurée, en juillet 1856, à l'affection des siens, et qui avait épousé Apolline de Brémond d'Ars, dont : Lucie, mariée à Amaury de Liniers; Sophie, mariée à Édouard Masse, capitaine au 29e de ligne; Apolline.

2° LÉOPOLD, marié à Sophie de Lescours, dont : Léopoldine, mariée à Omer de Gourville, capitaine au 82e de ligne, chevalier de la légion-d'honneur; Boleslas.

3° JULES.

M. Léopold du Chesne de Vauvert est aujourd'hui, pour la famille du Chesne, le chef du nom et des armes. La famille du Chesne porte : *d'azur, à trois glands d'or, posés un, deux.* Voici le brevet de ces armoiries, enregistrées à l'armorial général de France, au registre 1er, et sous le n° 145 de la généralité de Poitiers, élection de St-Maixent :

« Par ordonnance rendue le 20e du mois de mars de l'an 1699, par MM. les Commissaires généraux du Conseil, députés sur le fait des armoiries.

« Celles de Jean du Chesne, Ecr, Sr de Vauvert, telles qu'elles sont ici peintes et figurées,

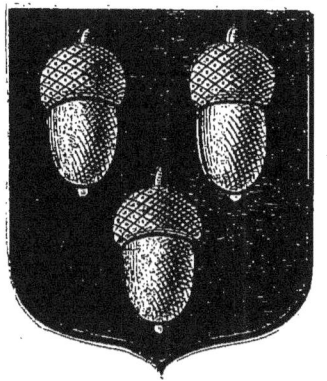

« Après avoir été enregistrées à l'armorial général, dans le registre coté généralité de Poitiers, en conséquence du paiement des droits réglés par les tarifs et arrêt du Conseil, du 20ᵉ de novembre de l'an 1696.

« En foi de quoi le présent brevet a été délivré à Paris, par nous CHARLES D'HOZIER, conseiller du Roi et garde de l'armorial général de France, etc.   Signé : D'HOZIER. »

Un siècle avant, en 1599, cet écusson était gravé sur la pierre, écartelé des armes des Perrouin, et portant en exergue : *Louis du Chesne et Marguerite de Perrouin conjoints, loué soit Dieu.* Au centre de l'écusson, échappé au marteau des démolisseurs, les lettres L-D-C et M-P entrelacées, figurent le monogramme des époux.

Notre tâche est finie.

Si nous savons peu de chose de l'histoire des nôtres, ce peu suffit du moins à prouver qu'ils ont pris pour guides les traditions de la noblesse française : L'AMOUR DU PAYS ET LE SENTIMENT DU DEVOIR.

AMAURY DE LINIERS.

PREUVES DE NOBLESSE

DE LA FAMILLE DU CHESNE DE VAUVERT.

Nous faisons suivre cette notice des preuves de noblesse produites par la famille du Chesne en 1634, 1665, 1667, 1715, et des édits de confirmation de noblesse rendus en sa faveur à ces différentes dates :

I.

1634. ÉDIT.

Le huitième jour de juin mil six cent trente-quatre, en exécution de notre ordonnance donnée sur la remontrance du procureur du Roi du 17 mai dernier, par laquelle il est enjoint à toutes personnes qui se prétendent nobles, exempts et privilégiés, demeurant en l'étendue de cette élection, de représenter les titres justificatifs de leur noblesse, se sont comparus :

Louis du Chesne, écuyer, sieur de Vauvert, tant pour lui que pour Jeanne du Chesne, veuve de feu Louis de La Blachière, fille de René du Chesne, écuyer, sieur de St-Léger, oncle dudit Louis,

Lequel nous a représenté :

Une sentence rendue par René Rousseau, écuyer, sieur de

la Parisière, conseiller du Roi, maître d'hôtel ordinaire de sa maison, et trésorier général de France en Poitou, commissaire député par Sa Majesté pour la vérification des nobles et réformation des abus qui se commettent en l'assiette des tailles, en laquelle sont rapportés avoir représenté plusieurs contrats de partage et de mariage et autres, dûment datés par icelle en date du 22 décembre 1604, signée dudit Rousseau, D. Brunet, et par mondit sieur Chenu;

Autre sentence portant le renvoi de l'assignation donnée audit du Chesne par devant M. Amelot, conseiller du Roi en son conseil d'état et privé, maître des requêtes ordinaires de son hôtel, commissaire député pour Sa Majesté pour le réglement des tailles, avec la représention de ses titres, datée par icelle du 6e novembre 1624, signée : Amelot, Thoreau, de l'ordonnance de Messieurs, Laby;

Contrat de partage fait entre Louis du Chesne, Rébecca du Chesne et Florence Audouin, héritiers de Louis du Chesne et de Marguerite de Perrouin, des domaines à eux obtenus par leur décès, passé par devant Marsault et L. Cart, notaires, en date du 11 avril 1633;

Conclusions du procureur du Roi en ladite élection et tout considéré, nous avons renvoyé et renvoyons ledit Louis du Chesne, tant pour lui que pour ladite Jeanne du Chesne, de l'assignation à eux donnée à la requête dudit procureur du Roi pour la représentation de leurs titres justificatifs de leur noblesse, comme *nobles et issus de noble lignée*; ordonné qu'ils seront employés au rôle des tailles au chapitre des Nobles.

Fait par nous, président, lieutenant, élus, conseillers du Roi, notre Sire, sur le fait de ses aides et tailles, assemblés en la chambre du Conseil de l'Élection de St-Maixent, le 8e juin 1634.

Ainsi signé : Texier, Houdry, greffier; Lévesque, Brunet, Coutineau, P. Deniort et Devallée.

II.

1665. — Preuves.

Du Chesne. — *Élections de St-Maixent et Niort.*

L'an mil six cent soixante-cinq, et le 23e jour de mars,

Par devant Nous, CHARLES COLBERT, conseiller du Roi en son conseil, maître des requêtes ordinaire de son hôtel, commissaire départi pour l'exécution des ordres de Sa Majesté dans les généralités de Poitiers et Tours, est comparu en sa personne :

Samuel du Chesne, écuyer, seigneur de St-Léger, demeurant en sa maison noble de St-Léger, paroisse de St-Mandé *alias* St-Bry, élection de Niort, assisté de M. Barthélemy Cailler, son procureur ; faisant tant pour lui que pour Jehan du Chesne, écuyer, seigneur de Vauvert, demeurant en sa maison de Vauvert, paroisse de Cherveux, élection de St-Maixent, et pour David du Chesne, écuyer, sieur de Chaunin ;

Lequel pour satisfaire à notre ordonnance du 22 décembre dernier, à lui signifiée à la requête de Me Jean Pinet, commis à la recette générale des finances de Poitou, portant entr'autres choses que tous ceux de ladite généralité de Poitou, qui se prétendent exempts de la contribution aux tailles, soit par noblesse ou autrement, représenteront les titres de leur exemption, nous a représenté :

Un contrat d'acquêt, en parchemin, du 15 mars 1532, fait par René du Chesne, écuyer, sieur de Vauvert, des lieux contenus en icelui de Jamet Fresel, écuyer, sieur de la Barre, passé sous la cour de Cherveux et l'archiprêtré de St-Maixent, signé Semel ;

Plus un acte d'hommage, en parchemin, du 7 mars 1540,

rendu par Jacques Guyot audit René du Chesne, écuyer, sieur de Vauvert, à cause de sa maison de Vauvert, signé : du Chesne et Bouet;

Plus un dénombrement, en parchemin, du 10 mai 1541, rendu par ledit Guyot audit seigneur de Vauvert, en conséquence de l'hommage ci-dessus produit, signé Bouet, à la requête dudit Guyot avouant;

Plus un contrat d'arrentement, en parchemin, du 8 juillet 1551, fait par René du Chesne, écuyer, sieur de Vauvert, des lieux contenus en icelui à Anne du Chesne, passé sous la cour de Cherveux, signé Chaudin et Juin, notaires;

Plus un contrat de mariage, en parchemin, du 3 janvier 1556, de François du Chesne, écuyer, sieur de Vauvert, fils aîné dudit René avec damoiselle Antoinette Roigne, passé sous la cour de Cherveux ;

Plus un hommage, en parchemin, du 13 janvier 1568, rendu par François du Chesne, écuyer, sieur de Vauvert, par lequel il a déclaré tenir noblement en ce pays de Poitou quatre livres de rente, laquelle il a offert attribuer au ban et arrière-ban de Poitou, dont lui a été octroyé acte, donné à Poitiers, signé Mathé;

Plus un acquit du ban et arrière-ban, en parchemin, du 4 novembre 1569, donné audit François du Chesne, écuyer, sieur de Vauvert, signé dudit Mathé;

Plus un contrat de partage, en parchemin, du 19 décembre 1571, de la succession du seigneur du Chesne et damoiselle Françoise Vergereau, entre Louis, François, Ponthus et autres du Chesne, écuyers, passé sous la cour de Cherveux, signé Ogier et Courtin, par lequel il est demeuré audit François, fils aîné, la maison noble de ladite succession;

Plus un autre contrat de partage, en parchemin, du 8 avril 1572, en forme de transaction, passé sous la cour de Parthenay, signé Guimaud, entre Henri Roigne, écuyer, sieur du Petit-Chesne, René Aimer, sieur de l'Allier, et sa femme, François du Chesne, écuyer, sieur de Vauvert; par lequel il se justifie que de tout temps lesdits du Chesne ont pris la qualité d'écuyers et qu'ils sont nobles d'ancienne race, — lequel contrat de partage est du côté de la femme dudit François du Chesne, écuyer, — et que l'aîné de leur famille a eu le bien noble;

Plus une procuration, en parchemin, du 23 juin 1574, donnée à François du Chesne, écuyer, sieur de Vauvert, par damoiselle Antoinette Roigne, sa femme; passée sous la cour de Cherveux, signée Courtin et Ogier, notaires;

Plus un hommage, en parchemin, du 30 mai 1580, rendu par François du Chesne, écuyer, sieur de Vauvert, à damoiselle Gabrielle Dupuy, des lieux y mentionnés, signé Auger, greffier;

Plus un contrat de mariage, en parchemin, du 15 février 1588, de Louis du Chesne, écuyer, sieur de Ruffane, fils aîné de François du Chesne, écuyer, sieur de Vauvert, et de damoiselle Antoinette Roigne, avec damoiselle Marguerite de Perrouin, passé à Parthenay, signé Motteau, notaire; au dos duquel est l'insinuation faite au greffe de la sénéchaussée de Poitou le 12 août audit an, signé Viault, greffier;

Plus un contrat de partage, en parchemin, du 13 mai 1591, fait noblement des successions échues à Louis du Chesne, écuyer, sieur de Vauvert, René du Chesne, aussi écuyer, et autres du Chesne, écuyers, par le décès de leurs père et mère, par lequel il est demeuré audit Louis, l'aîné, la maison noble de Vauvert avec ses appartenances, passé sous la cour de Cherveux, signé Ogier; au pied duquel est le vidimus fait sur son original, signé Cart, notaire;

Plus un hommage, en parchemin, du 16 avril 1594, rendu par Louis du Chesne, écuyer, sieur de Vauvert, fils aîné de François, la succession duquel a été partagée noblement, au seigneur de la Barre, passé à S‍t-Maixent, signé Antoine de Neufport, Texier, et Sarget, greffier;

Plus une sentence, en parchemin, du 22 décembre 1604, donnée pour la vérification de la noblesse dudit Louis du Chesne, écuyer, par laquelle il est réputé et déclaré noble; donnée par René Rousseau, écuyer, sieur de la Parisière, commissaire député par Sa Majesté pour la vérification de noblesse, donnée à S‍t-Maixent, signée : Rousseau, Brunet, et plus bas, par mondit sieur, Chenu;

Plus un acte d'hommage, en parchemin, du 19 octobre 1613, rendu audit Louis du Chesne, écuyer, sieur de Vauvert, par M‍e François Guyot, signé : du Chesne, Paul Chalmot;

Plus un dénombrement, en parchemin, du 29 octobre 1613, rendu en conséquence de l'hommage ci-dessus audit Louis du Chesne, écuyer, par ledit Guyot des lieux y contenus, signé : Guyot avouant, Boursault et Bertheau, notaires, à la requête dudit avouant;

Plus une sentence, en parchemin, du 6 novembre 1624, donnée au profit dudit Louis du Chesne, écuyer, par laquelle il est reconnu noble et issu de noble lignée, rendue par Denis Amelot, conseiller du Roi en ses conseils, intendant de la justice en Poitou et commissaire pour la recherche de la noblesse; signée Amelot, Thoreau, et plus bas, Laby;

Plus un contrat de partage, en papier, du 11 avril 1633, de la succession de Louis du Chesne, écuyer, et de damoiselle Marguerite de Perrouin, sa femme, entre Louis du Chesne, écuyer, sieur de Vauvert, fils aîné, et *autres ses cohéritiers* (1), par lequel il lui est demeuré, comme aîné, la maison noble et métairie de Vauvert avec ses appartenances pour son préciput,

---

(1) Voilà l'explication du mot *autres du Chesne* mal interprété par les auteurs du *Dictionnaire des familles de l'ancien Poitou*.

passé sous la cour de Cherveux, signé Cart, notaire ayant la minute ;

Plus une sentence, en parchemin, du 8 juin 1634, donnée par les élus de St-Maixent au profit dudit Louis du Chesne, écuyer, par laquelle, vu ses titres de noblesse, il a été déclaré tel et issu de noble lignée ; signé Houdry, greffier ;

Plus un certificat, en papier, du 7 septembre 1635, donné à Louis du Chesne, écuyer, par le seigneur comte de Parabère, signé Parabère, et plus bas par mondit seigneur Debort ;

Plus une sentence, en parchemin, du 12 mai 1639, portant décharge du ban et arrière-ban, donnée à St-Maixent, signée Fradin, au pied de laquelle est la quittance signée Gaudin, laquelle est au profit dudit Louis du Chesne, écuyer ;

Plus un contrat de mariage, en parchemin, du 25 février 1640, de Louis du Chesne, écuyer, sieur de Vauvert, fils de Louis du Chesne, écuyer, et de damoiselle Marguerite de Perrouin, avec damoiselle Anne Jouslard, passé à St-Maixent, signé M. Baudin et Texier, notaires.

Au moyen desquelles pièces il n'y a aucune difficulté en la noblesse desdits du Chesne, écuyers.

Samuel du CHESNE.

CAILLER, procureur dudit du Chesne.

De laquelle représentation, il nous a requis acte, que nous lui avons octroyé, et ordonné que lesdits titres seront communiqués audit Pinet, pour y répondre ce qu'il appartiendra, dans huitaine, pendant lequel temps copie collationnée desdits titres sera mise à notre greffe pour y avoir recours quand besoin sera. Fait à   les jour et an que dessus.

Signé : COLBERT.

J'ai vu les pièces mentionnées au présent inventaire pour y

répondre ce que de raison, et lesquelles, après avoir été cotées et paraphées par le secrétaire de Mr Colbert ont été rendues et restituées.

No du registre 179.   Signé : PINET.

III.

1667. — ÉDIT.

Élection de Saint-Maixent.

Jacques-Honoré Barentin, chevalier, seigneur d'Ardilliers, etc., conseiller du Roi en tous ses conseils, maître des requêtes ordinaires de son hôtel, président en son grand conseil, commissaire départi pour l'exécution des ordres de Sa Majesté en la généralité de Poitiers et des arrêts du Conseil des 22 mars 1666 et 5 mai 1667 pour la représentation des titres de noblesse, recherche des usurpateurs de ladite qualité et jugement d'iceux;

Entre le procureur du Roi de la commission, poursuite et diligence de Me Jean Pinet, chargé des poursuites à faire pour la vérification des titres de noblesse en la généralité de Poitiers, demandeur, d'une part;

Et Samuel du Chesne, écuyer, sieur de St-Léger, demeurant en sa maison noble de St-Léger, paroisse de St-Mandé; Jean du Chesne, écuyer, sieur de Vauvert, demeurant en sa maison de Vauvert, paroisse de Cherveux; et David du Chesne, écuyer, sieur de Chaunin, demeurant en la paroisse de St-Georges de Longue-Pierre, défendeurs, d'autre part;

Vu par nous ladite déclaration du Roi du 22 juin 1664, vérifiée en la Cour des Aides le 5 août ensuivant, par laquelle Sa Majesté ordonne qu'il sera expédié une commission générale en vertu de laquelle il sera fait commande aux usurpateurs des qualités de chevalier ou d'écuyer ou à ceux qui se sont indûment exemptés de la contribution des tailles, de représenter leurs titres à la Cour des Aides pour y être jugés ;

Arrêt du conseil d'État du 22 septembre 1665, par lequel Sa Majesté lève la surséance portée par l'arrêt du Conseil du premier juin de ladite année qui aurait sursis les recherches faites en la Cour des Aides à l'égard de cette généralité, et ordonné que ladite recherche commencée devant Monsieur Colbert, notre prédécesseur, sera continuée par devant nous contre les dits usurpateurs ;

Notre ordonnance en conséquence dudit arrêt du 20 décembre 1665 ;

Autre arrêt du conseil d'État du 22 mars 1666 qui lève pareillement la surséance dudit arrêt dudit jour 1er juin 1665, pour toutes les généralités du royaume, et ordonne que ladite recherche sera continuée par les commissaires départis dans les provinces ;

Autre arrêt du Conseil du 8 novembre 1666, par lequel il est ordonné que les anoblis révoqués par la déclaration du mois d'août 1664, et les officiers dont les privilèges ont été pareillement révoqués, et qui se sont retirés dans les villes franches depuis le mois de février 1661, y seront cotisés d'office et paieront les taxes qui seront sur eux faites à raison des années qu'ils ont demeuré dans lesdites villes, suivant le réglement des tailles de ladite année 1664 ;

Autre arrêt dudit conseil d'État du 6 de décembre audit an portant notre pouvoir de condamner ceux qui se désisteront de leur prétendue qualité et les contumaces ainsi que nous jugerions à propos, et que les instances de ceux qui auront soutenu la qualité et qui en seront déboutés seront par nous renvoyés au Conseil avec notre avis ;

Arrêt du Conseil du 5 mars dernier portant notre commission et pouvoir d'instruire et juger définitivement les instances contestées avec les particuliers prétendus usurpateurs du titre de noblesse, sauf l'appel au Conseil où ils ne seront reçus qu'après que l'amende adjugée sera payée;

Autre arrêt du conseil d'État du 10 mai dernier portant défense de faire aucunes poursuites contre ceux qui sont actuellement dans les troupes de Sa Majesté, et dont sera rapporté des certificats en bonne forme des généraux d'armée ou du secrétaire d'État ayant le département de la guerre jusqu'à ce qu'autrement par Sa Majesté en ait été ordonné;

Assignation donnée auxdits défendeurs, à la requête dudit Pinet, commis par Sa Majesté à la recherche desdits usurpateurs de noblesse dans la généralité, en conséquence de l'ordonnance dudit sieur Colbert, notre prédécesseur, et la nôtre des 23 décembre 1664 et 30 décembre 1665;

Contrat d'acquêt, en parchemin, du 17 mars 1532, etc. (suit l'énumération des titres produits par Samuel, Jean et David du Chesne devant Colbert);

Inventaire des titres du 23 mars 1665, pièce signée Samuel du Chesne et Cailler, procureur;

La généalogie desdits défendeurs signée Samuel du Chesne, avec la déclaration que dans leurs armes ils portent *trois glands d'or en champ d'azur;*

Contredit fourni par ledit sieur Pinet contre l'inventaire et production desdits titres, de lui signé et signifié audit Cailler par Gueston, huissier, le 30 avril 1666;

Réponses à icelui de la part desdits défendeurs et signées dudit Samuel du Chesne et dudit Cailler, procureur;

Conclusions du procureur du Roi de la commission auquel le tout a été communiqué, en date du 17 août dernier, signées

Thoreau, par lesquelles il n'empêche que lesdits défendeurs soient maintenus en la qualité de nobles;

Tout considéré :

Faisant droit sur l'instance, Nous commissaire susdit, ordonnons que lesdits Samuel, Jean et David du Chesne, écuyers, leurs successeurs, enfants et postérité, nés et à naître en loyal mariage, jouiront, en qualité de NOBLES ET ÉCUYERS, de tous les privilèges, honneurs, exemptions attribués et accordés par Sa Majesté aux nobles de son royaume tant et si longtemps qu'ils ne feront acte de dérogeance à noblesse, faisant défense à toutes personnes de les troubler, à peine de 1,000 livres d'amende; et pour cet effet qu'ils seront inscrits dans le catalogue des gentilshommes de la généralité de Poitiers, qui sera dressé et arrêté conformément audit arrêt dudit conseil dudit jour 22 mars 1666, et employés au rôle des tailles de leur demeure au Chapitre des Nobles et Exempts.

Fait à Poitiers, en notre hôtel, le premier jour de septembre 1667. Signé : BARENTIN.

Par mondit seigneur : DU BELINEAU.

IV.

1715. — ÉDIT.

Charles Bonaventure Quantin, chevalier, seigneur de Richebourg, conseiller du Roi en ses conseils, maître des requêtes ordinaire de son hôtel, intendant de justice, police et finances en la généralité de Poitiers.

Entre François Ferrand, chargé de la recherche des usurpateurs du titre de noblesse, ordonnée par les déclarations du Roi des 4 septembre 1696, 30 mai 1702, janvier 1703 et 16 janvier 1714, poursuite et diligence de M. Joseph Spoullet de Varel, son procureur spécial, demandeur, d'une part;

Et Jean du Chesne, écuyer, sieur de Vauvert, Josias du Chesne, écuyer, sieur de Boisderoche, son fils ;

Et Isaïe du Chesne, écuyer, sieur de St-Léger ;

Défendeurs, d'autre part.

Vu par nous lesdites déclarations du Roi des 4 septembre 1696, 30 mai 1702, 30 janvier 1703 et 16 janvier 1714;

Les arrêts du Conseil des 26 février 1697, 15 mai 1703 et autres rendus pour l'exécution desdites déclarations ;

L'assignation donnée à la requête dudit Ferrand auxdits sieurs du Chesne de Vauvert et St-Léger des 8 décembre et 8 janvier dernier, à comparoir par devant Nous pour représenter les titres justificatifs en vertu desquels ils prennent la qualité d'écuyer ;

La requête à nous présentée par lesdits sieurs de Vauvert et St-Léger, tendant à ce qu'il nous plut les décharger des assignations à eux données à la requête dudit Ferrand, et en conséquence les maintenir et garder dans leur noblesse ;

L'inventaire et titres y mentionnés justificatifs d'icelle, commençant par une ordonnance, en parchemin, de M. de Barentin, intendant de cette province, en faveur de Samuel du Chesne, écuyer, sieur de St-Léger, Jean du Chesne, écuyer, sieur de Vauvert, et David du Chesne, écuyer, sieur de Chaunin, par laquelle ils avaient été maintenus dans les privilèges de la noblesse, en date du 1er septembre 1667 ;

Extrait du baptême de Josias du Chesne, par lequel il paroit qu'il est fils de Jean du Chesne, écuyer, sieur de Vauvert, dénommé en ladite ordonnance de M. Barentin et de damoiselle Elisabeth Chalmot, en date du 28 janvier 1670 (1), délivré le

---

(1) Il y a ici une erreur de date : l'extrait signé Métayer porte 1676 et non 1670. Ce point est important.

29 avril 1685, signé Métayer, ministre à Cherveux, et contrôlé le 15 de ce mois par Coupart ;

Contrat de mariage, en parchemin, d'entre Samuel du Chesne, écuyer, sieur de St-Léger, dénommé en ladite ordonnance de M. de Barentin, et damoiselle Jacquette Aymer, en date du 13 juillet 1667, signé Métayer, notaire ;

Autre contrat de mariage, en parchemin, d'Isaïe du Chesne, sieur de St-Léger, avec damoiselle Marie-Radégonde Pidoux, par lequel il paroit qu'il est fils de Samuel du Chesne et de dame Jacquette Aymer, et qu'il était qualifié d'écuyer, en date du 19 août 1697, signé Gaultier et de Cressac, notaires royaux à Poitiers ;

Contrat, en papier, du partage fait des biens de Samuel du Chesne et de Jacquette Aymer, entre Isaïe du Chesne, écuyer, sieur de St-Léger, et damoiselle Françoise-Renée du Chesne, frère et sœur, enfants dudit Samuel et de ladite Aymer, en date du 2 avril 1697, signé Hubert, notaire ;

Notre ordonnance de soit communiqué audit sieur Spoullet de Varel du 14 de ce mois ;

Sa réponse, du 15, portant qu'il n'a aucun moyen pour empêcher que lesdits Jean, Josias et Isaïe du Chesne, sieurs de Vauvert, de Boisderoche, et de St-Léger, soient maintenus et confirmés dans leur noblesse ;

Les conclusions du sieur Girault, procureur du Roi de la commission de ce jourd'hui, et tout considéré :

Nous, intendant susdit, avons donné acte auxdits Jean du Chesne, écuyer, sieur de Vauvert, et Isaïe du Chesne, écuyer, sieur de St-Léger, de la représentation de leurs titres ;

En conséquence les déchargeons des assignations à eux données à la requête dudit Ferrand, et avons maintenu lesdits sieurs Jean et Isaïe du Chesne, ensemble ledit Josias du Chesne, écuyer, sieur de Boisderoche, fils dudit Jean, leurs enfants et postérité nés et à naître en légitime mariage, dans le droit de prendre la qualité de noble et d'écuyer; ordonnons qu'ils continueront de jouir des privilèges et exemptions attribués aux gentilshommes du royaume tant qu'ils vivront noblement et ne feront aucun acte de dérogeance; et qu'à cet effet ils seront inscrits au Catalogue des Nobles de cette généralité qui sera arrêté en exécution de l'arrêt du Conseil du 26 février 1697.

Fait en notre hôtel, à Poitiers, ce 16 février 1715.

Signé : DE RICHEBOURG.

Par Monseigneur :

RAMEAU.

ARBRE GÉNÉALOGIQUE
de la Famille DU CHESNE DE VAUVERT.

François DU CHESNE, *vivait en 1502.*

Jacques. René DU CHESNE
marié à Françoise VERGEREAU, vivait en 1532.

Ponthus. Louis *Sieur de Bois-Joubert.* François DU CHESNE *marié à Antoinette ROIGNE. — 1556.* Catherine *mariée à Léandre MÉTAYER.* Marie.

René *Seigr de St Léger.* *(Tige des St Léger.)* Louis DU CHESNE *marié à Marguerite de PERROUIN — 1588.*

Rebecca *mariée à Ch. de VALANCHÈRE.* Louis DU CHESNE *marié 1° à Renée JANVRE; 2° à Anne JOUSLARD. — 1640.* Anne *mariée à Abel AUDOUIN.*

Anne *mariée à T. de MALMOUCHE.* Préjenta. Jean DU CHESNE *marié à Elisabeth CHALMOT. — 1667.* Françoise. Louise. François *(émigra)*

Elisabeth *mariée à R. de BONNETIE du LINAUD.* Josias DU CHESNE *(de Bois de roche). marié à Anne DAVID du FIEF. — 1726.* Marie *mariée à C. de BONNETIE de GOISE.*

Joseph *(de Goquelaire) épousa Marie de GUICHARD.* Jacques *(dit le Cher du CHESNE) mort dans l'émigration.* Pierre *(de Quairay.) épousa Gabrielle de MANCEAU.* Jean DU CHESNE *marié à Marie JOUSLARD. — 1768.* Augustin *(de L'Isle).* Elisabeth. Marie *(de Quairay.)*

Maixende *épousa AVICE de SURIMEAU.* Joseph DU CHESNE *marié à Agathe d'AUZY du FIEF. — 1801.*

Armande. Charles DE SURIMEAU. Anthémise. *mariée à Paulino de MOUCON.*

Caroline Ternond DE SURIMEAU. Henri. *mariée à J. de PARSAY. marié à Gabrielle du PEYRAT.*

Marthe.

Jeanne. Charles DE PARSAY. Marcelle.

Léopold *marié à Sophie de LESCOURS.* Augustin DU CHESNE *marié à Apolline de BREMOND. — 1830.* Jules.

Léopoldine Boleslas DU CHESNE.
Thérèse. R. DE GOURVILLE.
mariée à Ernst de GOURVILLE.

Apolline Lucie *mariée à Amaury DE LINIERS.* Sophie *mariée à E. MASSÉ.*

Marguerite. Joseph. Guillaume DE LINIERS. René. Anne.

SOMMAIRE DES TITRES

DE LA FAMILLE DU CHESNE DE VAUVERT.

1.

Arrangement intervenu entre René et Jacques du Chesne au sujet de la propriété de la Rochette, en Angoumois, et des biens de leurs père et mère, situés en Poitou.   1551.—5 septembre.

2.

Échange entre Louis du Chesne, seigneur de la Godinière, p^{sse} de Fenioux, et Isaac Geoffroy, laboureur à Cherveux, d'une pièce de terre en 3 quartollées, sise à la Godinière, contre 3 quartollées dans le Colombier, p^{sse} de Cherveux.   1562.—16 novemb^{re}.

3.

Vente faite par Louis Grelier, Jacquette Raux et Marie Mousset, veuve Grelier, à Loys du Chesne, écuyer, sieur de Bois-Joubert, p^{sse} de Cours, de 3 pièces de vigne, sises à Lussay.   1568. — 8 juin.

4.

Reconnaissance par Pierre Desras, laboureur à Cherveux, à Louis du Chesne, sieur de Bois-Joubert, p^{sse} de Cours, d'une dette de 48 boisseaux baillarge.   1571. — 24 février.

5.

1571. — 19 décembre. Acte de partage entre François du Chesne, écuyer, seigneur de Vauvert, Loys et Ponthus du Chesne, écuyers, Léandre Métayer, écuyer, seigneur de la Berlandière, époux de Catherine du Chesne, et fondé de pouvoirs de Marie du Chesne, des biens de René du Chesne et de Françoise Vergereau, leurs père et mère.

6.

1573. — 28 mai. Ferme de Ruffane consentie par François du Chesne, écuyer, seigneur de Vauvert, à Jacques et Noël Loritz.

7.

1579. — 20 septembre. Ferme de Vauvert consentie par François du Chesne, seigneur de Vauvert, à Maixent Grosset, laboureur à la Chapelle-Bâton.

8.

1592. — 26 août. Signification donnée à Jacques Viaud, écuyer, seigneur de l'Allier, à la requête de Loys du Chesne, sieur de Vauvert, et de damoiselle Marguerite de Perrouin, sa femme.

9.

1593. — 25 février. Procuration de Palamède de Bouillon, seigneur de Jallanges, pour le mariage de sa pupille Marie de Perrouin avec le seigneur de la Plesse.

10.

1593. — 4 mars. Acte de dépôt au greffe de Niort, par Loys du Chesne et Marguerite de Perrouin, de deux contrats en date des 18 février et 4 août 1588, portant donation à leur profit à l'encontre d'Anne de Perrouin, veuve d'Henri Roigne, écuyer, sieur du Petit-Chesne.

11.

1593. — 26 mars. Assignation donnée à Anne de Perrouin à comparaître devant la cour de Niort pour y défendre contre Loys du Chesne et Marguerite de Perrouin.

12.

Assignation semblable à la précédente. 1593. — 17 septembre.

13.

Citation à la requête de Marie du Chesne à François du Chesne, sieur de Bois-Joubert, son curateur, pour reddition de comptes. 1595. — 20 février.

14.

Acquit pour le ban et l'arrière-ban donné à Poitiers, par Louis de Ste-Marthe, lieutenant-général, à Louis du Chesne, seigneur de Vauvert. 1595. — 20 mars.

15.

Accord intervenu entre les héritiers de François Roigne, écuyer, seigneur du Petit-Chêne, et Anne de Perrouin, veuve donataire d'Henri Roigne. Louis et René du Chesne, en tant que fils d'Antoinette Roigne, femme de François du Chesne, écuyer, seigneur de Vauvert, figurent à ce contrat et reçoivent pour leur lot une part dans la métairie, maison noble et seigneurie du Chêne-Billon. 1595. — 6 juillet.

16.

Assignation donnée à Louis du Chesne, seigneur de Vauvert, en paiement de sept écus 31^s 4^d envers Jacques Viaud et Anne de Perrouin. 1595. — 16 novembre.

17.

Arrêt de la cour de St-Maixent qui ordonne à Anne Tizon, dame de la Rochette, d'avoir à produire ses moyens contre Louis du Chesne, seigneur de Vauvert. 1595. — 13 décembre.

18.

Acte de cession de tout droit de pacage et prise de foin en un pré assis sur la Noüe de Cherveux « où se tient la foire » consentie par Pierre Petitoit, laboureur, de Sussay, à Loys du Chesne, écuyer, sieur de Vauvert. 1599. — 2 décembre.

19.

1600. — 1ᵉʳ juillet.   Échange de portions indivises en partage entre Loys et René du Chesne, d'une part; et Aimery Esteau, écuyer, sieur de Vermenie, pˢˢᵉ de Surin, époux d'Anne Roigne, d'autre part.

20.

1604. — 21 juin.   Contrat de mariage entre Louis de la Blachière, écuyer, ministre de l'église réformée de Sᵗ-Gelais, et damoiselle Jeanne du Chesne, fille de René du Chesne, écuyer, sieur de Sᵗ-Léger, et d'Anne Audouin.

21.

1612. — 23 août.   Contrat de mariage entre Abel Audouin, écuyer, sieur de la Bernardière, et Anne du Chesne, fille de Loys du Chesne, écuyer, sieur de Vauvert, et de Marguerite de Perrouin.

22.

1613. — 7 juin.   Donation mutuelle au dernier survivant des époux Abel Audouin et Anne du Chesne.

23.

1615. — 16 juillet.   Procuration donnée par Josué de Sᵗ-Gelais, seigneur de Cherveux, à Jehan Esserteau, à l'effet de couvrir Louis du Chesne de la caution par lui fournie pour l'une de ses terres.

24.

1617. — 11 mars.   Arrangement intervenu entre Louis du Chesne et François Viault, seigneur de Verdail, au sujet de la dîme de Quairay, pˢˢᵉ de la Boissière, donnée par Henri Roigne et Anne de Perrouin, sa femme, à Marguerite de Perrouin, dame de Vauvert.

25.

1618 — 4 septembre.   Acte complémentaire du contrat de mariage des époux Abel Audouin et Anne du Chesne, par lequel le sieur de la Bernardière assigne partie de ses biens comme représentation de la dot de sa femme.

26.

Procuration donnée par Loys du Chesne et Marguerite de Perrouin à Louis du Chesne, écuyer, sieur de Ruffane, leur fils, pour les représenter dans le partage de la succession de la dame de Venot (p^{sse} de Bligneuls, en Berry).

1618.— 6 novembre.

27.

Accord intervenu entre Loys et René du Chesne, Mathurin Gauthier, sieur de Grand'maison, époux de Philippe du Chesne, Aimery Gauthier, époux de Marie du Chesne, d'une part; et Renée Gourd, veuve du sieur de La Touche-Pulfault, d'autre part, à propos de créances revendiquées par ladite dame sur la succession de Jehan Moussin, écuyer, sieur du Bois, échue aux dits du Chesne et Gauthier.

1619. — 30 juillet.

28.

Ordre émané du duc de Rohan, pair de France, et enjoignant à ses troupes de respecter la maison de Vauvert et ses dépendances qu'il exempte de « tout logis et contribution. »

1620. — 4 août.

29.

Obligation de 1400 livres consentie par Joachim de Grailly, écuyer, seigneur des Septiaux, Montenaud et Laprade, à Louis du Chesne, écuyer, sieur de Ruffane.

1621. — 14 janvier.

30.

Autre obligation de 275 livres consentie par Joachim de Grailly à Louis du Chesne.

1622. — 16 juillet.

31.

Échange entre Loys du Chesne, écuyer, sieur de Vauvert, et Mre Josué de St-Gelais et Lusignan, seigneur de St-Gelais, Cherveux, etc., demeurant au chastel dudit Cherveux — d'une 1/2 boisselée à Vaugrenier, contre une boisselée dans les Ouches.

1622. — 18 juillet.

32.

Jugement de la cour de Poitiers qui condamne Joachim de Grailly

1622.—15 décembr^e.

au paiement de la somme de 275 livres, avec intérêts et dépens, qu'il doit à Louis du Chesne, sieur de Ruffane (rendu par Jehan Pidoux.)

33.

1623. — 7 janvier. Assignation donnée à Joachim de Grailly en paiement de 51 livres 6ˢ 9ᵈ envers Louis du Chesne, Sʳ de Ruffane.

34.

1623. — 10 février. Jugement de la cour de Poitiers qui condamne ledit de Grailly au paiement des intérêts de la somme de 1400 livres qu'il doit à Louis du Chesne (rendu par René Brochard, Marc Jarno, etc.)

35.

1629. — 17 septembre. Échange de rentes entre Loys du Chesne, écuyer, sieur de Vauvert, et René du Chesne, écuyer, sieur de Sᵗ-Léger, son frère.

36.

1631. — 8 août. Transport par Loys du Chesne, sieur de Vauvert, et Louis, sieur de Ruffane, son fils, à Jacques de Perrouin, sieur de la Nouvaisière et Venot, en Berry, d'une somme de 500 livres à prendre sur celle de 1400 livres à eux due par Joachim de Grailly.

37.

1632. — 31 mai. Inventaire des titres appartenant à René du Chesne, seigneur de Sᵗ-Léger, à l'occasion de l'ouverture de sa succession et de la dation de tutelle à sa fille mineure Hélène.

38.

1633. — 11 avril. Acte de partage entre Louis du Chesne, écuyer, sieur de Vauvert, Rébecca du Chesne, et Florence Audouin, fille d'Abel Audouin et d'Anne du Chesne, des biens de Loys du Chesne et de Marguerite de Perrouin, leurs père et mère, aïeul et aïeule.

39.

1633 — 19 mai. Contrat de mariage entre Charles de Vallanchère, écuyer, sieur de la Jarrelière (p^sse de la Boissière-en-Gâtine), et Rebecca du Chesne, fille de Loys du Chesne et de Marguerite de Perrouin.

40.

Édit de confirmation de noblesse en faveur de Louis du Chesne, écuyer, sieur de Vauvert, rappelant deux autres édits semblables des 22 décembre 1604 et 16 novembre 1624.   1634. — 8 juin.

41.

Échange entre Louis du Chesne et Louis Cart, notaire à Cherveux, d'une quartollée et demie de terre, sise à Bourricail, contre une quartollée, sise à Vaugrenier.   1636—11 décembre.

42.

Testament de Renée Janvre en faveur de Louis du Chesne, sieur de Vauvert, son époux.   1638. — 22 février

43.

Acte d'entérinement du testament de Renée Janvre par la cour de St-Maixent.   1638.—16 décembr^e.

44.

Signification à Louis du Chesne du testament d'Anne Louise de Perrouin, dame de Morteuil et de La Roche.   1639. — 5 juillet.

45.

Échange entre Louis Boinot, marchand, à La Roche (p^sse de Chauray), et Louis du Chesne, sieur de Vauvert, d'une boisselée de terre à Bois-de-Nom et d'une autre boisselée au Doignon, contre 45 sols de rente, faisant partie de 4 livres 17 sols de rente due au sieur de Vauvert par Jehanne du Chesne, demeurant à St-Gelais (veuve de Louis de La Blachière, et fille de René du Chesne).   1644. — 20 octobre.

46.

Échange entre Louis du Chesne et François Faidy le jeune, François Faidy l'aîné, et Daniel Faidy, d'une rente de 101 sols 3 deniers due au sieur de Vauvert par Jacques Picard, laboureur au Goguelais,   1645. — 6 juin.

contre les 3/4 parties d'une maison et planche de jardin, tenant à la maison et au jardin de Vauvert.

47.

1645.—18 décembre.

Échange entre Louis du Chesne et Marie Faidy de la rente de 33 sols 9 deniers due au sieur de Vauvert par Louis Picard, laboureur au Goguelais, contre la 1/4e partie de la maison et de la planche de jardin ci-dessus mentionnées.

48.

1648. — 10 janvier.

Échange entre Louis du Chesne, et Jacques et Jehan Laurent, laboureurs à Augé, de 6 livres 3 sols de rente due au sieur de Vauvert par Louis Monnet, tisseur en toile à Cherveux, contre : 1º une boisselée de terre à la Croix-Brechet ; 2º une boisselée et 1/2 au Marchais ; 3º une rente de 42 sols due par Thomas Biraud ; 4º une pièce de terre à semer un quartaut de chènevis ; 5º un jardin de pareille contenance ; 6º demi-boisselée à Cherveux-le-Vieux ; 7º six pointes de pré en la Noüe de Cherveux-le-Vieux ; 8º 1/2 boisselée à Bourricail et deux boisselées à La Bigaudière.

49.

1648. — 17 août.

Échange entre Jehan Bouhinot, maréchal au Goguelais, et Louis du Chesne, sieur de Vauvert, d'une boisselée et demie de terre aux Ramées, contre une boisselée et demie au Marchais.

50.

1648. — 14 septembre.

Arrangement intervenu entre Rébecca du Chesne, veuve de Ch. de Valanchère, et Marie de Valanchère.

51.

1648. — 22 octobre.

Don d'une somme de 300 livres en faveur de dlle Marie de Valanchère et dlle Préjente du Chesne, fille de Louis du Chesne et d'Anne Jouslard, fait par dame Rébecca du Chesne, veuve de Charles de Valanchère, sur ses biens meubles.

52.

Échange entre Jacques Guyot, laboureur à Sussay, et Louis du Chesne, sieur de Vauvert, de 3 quartollées et demi-boisselée de terre, dans les coteaux de la Logette, contre la rente de 21 sols due au sieur de Vauvert par Louis Monnet, tisseur en toile, à Cherveux.

1649. — 2 février.

53.

Acte par lequel Louis du Chesne, tuteur de Florence Audouin, sa nièce, lui fait remise d'une somme de 1,000 livres par elle due après l'apurement des comptes de tutelle.

1650. — 31 janvier.

54.

Échange entre Louis du Chesne, sieur de Vauvert, et Jehan Martin, laboureur à la Porte (psse de Cherveux), d'une rente de 8 livres due au sieur de Vauvert par Louis Russeil, laboureur à la Faugère, psse de Cherveux, contre les 3/4 parties d'une demi-boisselée de pré au grand Moulin.

1650. — 28 décembre.

55.

Échange entre Louis du Chesne et Jacques Decemme, et Jehan Sauquet, laboureurs à Cherveux, d'une rente de 53 sols, contre le 1/8 d'une boisselée de pré au grand Moulin.

1651. — 22 février.

56.

Vente faite par Daniel Simonnet et Samuel Morin, de Cherveux, à Louis du Chesne, moyennant 70 sols, d'un journal de vigne assis au fief de Vauvert.

1651. — 30 mai.

57.

Contrat de mariage de François de la Blachière, écuyer, sieur de l'Isle, commissaire ordinaire de l'artillerie et de la marine, avec dlle Florence Audouin.

1651. — 1er novembre.

58.

Échange entre François Mercier, laboureur à La Carte, et haut et puissant Louis du Chesne, chevalier, seigneur de Vauvert, savoir :

1652. — 30 janvier.

1º Une boisselée au Champ Gerbeau; 2º une quartollée et 1/2 au Bois-de-Nom; 3º deux boisselées 1/2 à la Claie de Seneuil — contre une rente de 70 sols due au Sr de Vauvert par Louis Juin, tailleur d'habits au village des Francs.

59.

1652. — 18 mai. Vente par Pierre et Jacques Morin au seigneur de Vauvert, du Vignaud et d'Elbene, d'une boisselée, sise à la Combe, pour le prix de 10 livres.

60.

1652. — 26 mai. Échange entre haut et puissant Louis du Chesne, seigneur de Vauvert, du Vignaud et d'Elbene, et Jehan Bonnaud, laboureur à Cherveux-le-Vieux, d'une demi-boisselée de terre, sise à Cherveux-le-Vieux, contre demi-boisselée à Mouche-Dune.

61.

1652. — 28 juillet. Échange entre haut et puissant Louis du Chesne, seigneur de Vauvert, du Vignaud et d'Elbene, et Louis Cart, notaire à Cherveux, d'une quartollée de terre à Bourricail, et d'une quartollée proche la Bigaudière, contre une demi-boisselée à Vaugrenier.

62.

1652. — 14 août. Partage entre Louis du Chesne, seigneur de Vauvert, et François de la Blachière, seigneur de l'Isle, des biens mobiliers de dame Rébecca du Chesne, veuve de Charles de Valanchère : délivrance des dons de 300 livres par elle faits à d^{lle} Marie de Vallanchère, femme de Jehan Jouslard, seigneur de Montaillon, et à d^{lle} Préjente du Chesne.

63.

1653. — 3 septemb^{re}. Extrait du contrat de mariage d'Abel Audouin et d'Anne du Chesne, à la requête de François de la Blachière, écuyer, sieur de l'Isle, commissaire ordinaire de l'artillerie de France et de la marine, représenté par haut et puissant Louis du Chesne, chevalier, seigneur de Vauvert, de Ruffane et d'Elbene.

64.

Vente par Samuel Fraigneau, laboureur à La Barre, à Louis du Chesne, seigneur de Vauvert, de Ruffane et d'Elbene, d'une demi-boisselée de terre, sise au tènement du Frêne, pour le prix de 24 livres.

1654. — 11 octobre.

65.

Transport par Jehan Pineau, sieur de la Sigonnière, et Louis Pineau, sieur de la Greygelière, à Louis du Chesne, seigneur de Vauvert, de Ruffane et d'Elbene, de deux créances sur René Ford, s'élevant ensemble à 300 livres, pour le prix de 30 livres.

1655. — 22 février.

66.

Aveu rendu par Louis du Chesne à François de Royer, seigneur de Laleuf, psse de St-Christophe, pour coteaux et pré du grand Moulin, joignant ledit pré au chemin qui va du grand Moulin au Moulin-Neuf, appartenant au seigneur de Maillé, à main dextre.

1655. — 25 décembre.

67.

Échange entre Louis du Chesne, seigneur de Vauvert et de Ruffane, et François Sibilleau, marchand à Cherveux-le-Vieux, de deux boisselées sises à Fourchauffière, contre : 1° une boisselée à Vaurousse ; 2° une boisselée et demie à la Vallée de la Petinerie.

1657. — 2 janvier.

68.

Vente par Abraham Bergeronneau, tisseur en toile à la Pingaudrie, à Louis du Chesne, sieur de Vauvert et de Ruffane, d'une boisselée de terre au Boursault, pour le prix de 40 livres.

1657. — 20 novembre.

69.

Vente par Pierre Dangeon, laboureur au village des Francs, à Louis du Chesne, sieur de Vauvert, d'Elbene et de Ruffane, d'une quartollée de pré à Malvault, tenu du fief d'Elbene d'un denier de cens, pour le prix de 50 livres.

1658. — 19 janvier.

70.

1658. — 13 mai.

Échange entre Isaac Guitton, charpentier à Jaunay, et Louis du Chesne, sieur de Vauvert, Elbene et autres lieux, et Anne Jouslard, sa femme, de la moitié appartenant audit Guitton, dans : 1º Une maison à Malvault; 2º quatre pièces de terre audit village; 3º trois pièces de terre au Pas-Noir; 4º deux pièces à l'Ommière; 5º deux pièces au Vignaud; 6º trois au Boursault; 7º une à Trognard; 8º une au Champ-Carré; 9º une à La Fontaine-Brûlée; 10º une vigne au fief de Seneuil; 11º une au fief de la Clavelle; 12º une au fief des Francs — contre le 1/3 appartenant à Mme de Vauvert dans les dîmes de Montaillon.

71.

1658. — 29 octobre.

Partage entre Louis du Chesne, sieur de Vauvert et d'Elbene, et Josué Russeil et Marguerite Russeil, des domaines délaissés par Pierre Russeil et Suzanne Boutin, héritage dont le sieur de Vauvert avait acquis les 3/7es parties. Une portion de la maison de la ferme de Vauvert est comprise dans le lot dudit seigneur.

72.

1659. — 18 janvier.

Opposition formée par Anne Jouslard à la saisie faite sur les biens des Auditeau par le sieur Chauffepied, ministre protestant à Champdeniers.

73.

1659. — 21 janvier.

Acte de tutelle des enfants mineurs de Louis du Chesne, sieur de Vauvert et d'Elbene, et d'Anne Jouslard, donné par Jehan Le Riche, sénéchal de la seigneurie et haute justice de Vauvert.

74.

1659. — 23 janvier.

Entérinement du testament fait par Louis du Chesne en faveur d'Anne Jouslard, sa femme.

75.

1659. — 26 avril.

Échange entre Jacques Simonnet, maçon au Breuil, et Anne Jouslard, veuve de Louis du Chesne, sieur de Vauvert, de : 1º une boisselée et demie de terre à Tire-Corde ; 2º une boisselée à la Charrière — contre une rente de 5 livres 10 sols due par le sieur de l'Isle.

76.

Acte de dépôt d'une cavale donnée à cheptel à Pierre Rouvreau, laboureur à Lussay, par dame Anne Jouslard, veuve du sieur de Vauvert.

1661. — 31 octobre.

77.

Vente par Jacques Biraud, tisseur en toile au Breuil, à dame Anne Jouslard, d'une quartollée de terre au fief des Prés, pour le prix de 9 livres.

1662. — 4 mars.

78.

Échange entre dame Anne Jouslard et François Fillon, laboureur à Boisne, d'une maison à Malvault, contre une maison sise au même village.

1662. — 8 juin.

79.

Aveu rendu par Anne Jouslard, veuve de Louis du Chesne, sieur de Vauvert et d'Elbene, à Philippe Thibault, sieur de l'Herbaudière, de la Crèche et de la Barre-Sanglier, pour les terres et bois du vieux Champ-Buzain, les borderies de la Peignerie et de la Buquière, etc.

1665. — 26 janvier.

80.

Récépissé, signé Colbert, des preuves fournies par Jean du Chesne, Sr de Vauvert, et Samuel du Chesne, Sr de St-Léger, pour confirmation de noblesse.

1665. — 23 mars.

81.

Échange entre dame Anne Jouslard et David Jarlit, maçon à Cherveux, de : 1º une boisselée et une quartollée à Vaugrenier ; 2º une quartolée 1/2 à la Claie de Seneuil — contre deux boisselées de terre à Bois-de-Nom.

1666. — 13 décembre.

82.

Contrat de mariage de Jean du Chesne, écuyer, sieur de Vauvert, avec dlle Élisabeth Chalmot.

1667. — 25 juillet.

83.

1667. — 1ᵉʳ septembre. — Édit de confirmation de noblesse, signé Barentin, en faveur de Jean, Samuel et David du Chesne.

84.

1667. — 5 décembre. — Testament d'Élisabeth Chalmot en faveur de Jean du Chesne, sieur de Vauvert, son mari.

85.

1669. — 1ᵉʳ décembre. — Vente par Samuel Raymond, journalier à Villeneuve, René et Jacques Bourguignon, journaliers au Goguelais, de leurs parts dans un pré assis à la Noüe de Cherveux-le-Vieux, à dame Anne Jouslard, pour le prix de 20 sols tournois.

86.

1669. — 22 décembre. — Échange entre dame Anne Jouslard et Jean Bigot, tailleur d'habits à Cherveux, d'un pré à la Noüe de Cherveux-le-Vieux, contre un autre au pré Chabot.

87.

1674. — 24 mai. — Role de la garde, assignée au ban du Poitou, pour la sûreté de la ville des Sables.

88.

1674. — 30 mai. — Convocation pour le ban, signée de La Vieuville.

89.

1685. — 22 octobre. — Ordre de M. de Vérac à la noblesse protestante, de se rendre à Poitiers, — signifié à Jean du Chesne.

90.

1690. — 10 avril. — Convocation à M. de Vauvert pour le ban ; signée de Circé.

91.

1692. — 17 avril. — Arrangement intervenu entre Jean du Chesne et le seigneur des

Granges, à l'endroit des successions de Jacques, Paul et Catherine Chalmot, et de Préjente du Chesne, dame de Boisrousset.

92.

Aveu rendu au seigneur de la Carte par Jean du Chesne, à cause de la maison d'Elbene et terres en relevant, dont un pré touchant au seigneur de Neuchaise, sur le chemin de la Carte à Cherveux.

1692. — 14 août.

93.

Requête présentée par Jean du Chesne au juge de la châtellenie de Cherveux, en revendication de la dixme de Lussay.

1692. — 27 août.

94.

Acquisition par Jean du Chesne, écuyer, seigneur de Vauvert, d'une portion du cimetière de Cherveux, mise en vente par la fabrique, pour une rente de 5 boisseaux de froment.

1694. — 14 février.

95.

Lettre de François du Chesne, réfugié en Hollande pour cause de religion, à son frère Jehan du Chesne, sieur de Vauvert.

1694. — 12 août.

96.

Approbation, par l'officialité de Poitiers, de la vente faite à Jean du Chesne par la fabrique de Cherveux.

1695. — 5 mars.

97.

Certificat de service au ban délivré à M. de Boisderoche par M. de Lézardière.

1695. — 19 juin.

98.

Bail de la ferme de Pransac, indivise entre Jean du Chesne et René Frère, sieur de La Pommeraye, consenti par lesdits du Chesne et Frère, à Louis et Pierre Cerceau, laboureurs à Ste-Ouenne.

1697. — 10 juin.

99.

Acte de paiement, par la recette générale des consignations de Poitiers, d'une somme de six mille livres à Jean du Chesne, écuyer,

1697. — 11 juin.

sieur de Vauvert, à titre de seul héritier d'Anne du Chesne, sa sœur, veuve de Théophile de Mallemouche, sieur du Breuil-Xaintray.

100.

1697. — 30 septembre.
Certificat du dépôt d'armoiries fait par Jean du Chesne, écuyer, Sr de Vauvert, en conformité de l'édit de 1696.

101.

1697.—17 novembre.
Vente par Jean Decemme, conseiller et lieutenant du Roi à Niort, à Jean du Chesne, écuyer, sieur de Vauvert, d'une rente de 9 livres, due par Jacques Neveu, marchand à Cherveux, pour le prix de 150 livres.

102.

1698. — 2 février.
Vente par Pierre Delapierre, praticien à Cherveux-le-Vieux, à Jean du Chesne, écuyer, seigneur de Vauvert, de deux rentes, montant ensemble à 25 sols, dues par Isaac Menant, charpentier à Cherveux, pour le prix de 8 livres.

103.

1698. — 2 juillet.
Cession par Jacques Neveu, marchand à Cherveux, à Jean du Chesne, écuyer, sieur de Vauvert, d'un jardin appelé la Balaiserie pour l'extinction de la rente de 9 livres due par ledit Neveu au sieur de Vauvert.

104.

1699. — 20 mars.
Enregistrement à l'armorial général de France, registre n° 145, des armoiries des du Chesne; signé d'Hozier.

105.

1701. — 2 août.
Brevet du Roi qui accorde 300 livres de pension au sieur de Vauvert, à titre de nouveau catholique.

106.

1701.—15 décembre.
Échange entre Jean du Chesne, écuyer, sieur de Vauvert, et Louis Ayrault, marchand à Cherveux, de : 1° une boisselée de terre au

Goguelais; 2º un demi-journal de vigne, contre une pièce de pré, sise dans la Noüe de Cherveux.

107.

Échange entre Jean du Chesne et Louis Saintray, fermier de la seigneurie de Neuchaise, de deux pièces de pré à la Noüe du Goguelais, et d'un journal de vigne au fief de la Chaume, contre deux parties de coteau à Creuze et à l'Étang et un journal de vigne au fief du Noyer.

1702. — 19 mai.

108.

Convocation pour le ban, d'ordre du Mis de Vérac, à Niort.

1702. — 17 juillet.

109.

Échange entre Jean du Chesne et Jacques Neveu, garde de la châtellenie de Cherveux, d'un journal de vigne au champ du Noyer, contre demi-boisselée à Mouche-Dune.

1703. — 10 février.

110.

Requête de Jean du Chesne au lieutenant-général, à St-Maixent, pour la délivrance de 400 livres à lui adjugées sur la seigneurie des Deffands, pour équipage de ban.

1703. — 31 mai.

111.

Certificat de service, en qualité de lieutenant de grenadiers, délivré à M. de Boisderoche par le chevalier de Froussay, colonel d'un régiment d'infanterie, au camp de Villette.

1703. — 18 juillet.

112.

Requête de Jean du Chesne, qui réserve ses droits dans la demande à lui faite de restituer les 400 livres adjugées pour le service du Roi — et les maintient légitiment obtenues.

1703. — 3 août.

113.

Reçu, signé Jean du Chesne de Vauvert, de deux années de la pension à lui accordée par le Roi.

1706. — 12 mai.

114.

1706. — 7 août, 11 septembre. Certificats de service au ban, délivré à M. de Vauvert par M. de la Messelière et le maréchal de Chamilly.

115.

1706. — 23 septembre. Certificat de catholicité, délivré par le curé de Cherveux, à Jean du Chesne et Élisabeth Chalmot, sa femme.

116.

1714. — 12 décembre. Assignation donnée à Jean du Chesne de comparaître devant M. de Richebourg, commissaire délégué du Roi, pour justifier de sa noblesse.

117.

1715. — 16 février. Édit de confirmation de noblesse, rendu par M. de Richebourg, en faveur de Jean du Chesne, écuyer, sieur de Vauvert, Josias du Chesne, écuyer, sieur de Boisderoche, son fils, et Isaïe du Chesne, sieur de St-Léger.

118.

1720. — 20 mai. Échange entre Jean du Chesne, sieur de Vauvert, et Pierre Massé, d'une boisselée de terre à la Croix Taille-Pied, contre une planche de jardin, sise au Goguelais.

119.

1722. — 8 février. Bail de la ferme de Vauvert, consenti par Jean du Chesne à Jacques et Pierre Maynard, laboureurs au Goguelais.

120.

1725. — 24 février. Contrat de mariage de Josias du Chesne, écuyer, seigneur de Boisderoche, avec demoiselle Anne David du Fief.

121.

1725. — 29 juin. Acte de partage des biens de Jean du Chesne entre ses enfants : Josias, Élisabeth et Marie.

122.

Contrat de mariage de Pierre-Claude de Bonnetie, écuyer, sieur de Goise, avec demoiselle Marie du Chesne. 1726. — 9 février.

123.

Testament d'Anne David en faveur de son mari, Josias du Chesne, seigneur de Boisderoche. 1726. — février.

124.

Donation mutuelle de Josias du Chesne et d'Anne David. 1726. — février.

125.

Bail de la ferme de Vauvert, consenti par Josias du Chesne à la veuve Guérin et à ses enfants. 1728. — 10 novembre.

126.

Acte de partage de la succession de M. David du Fief entre Mmes de La Voute d'Auzy et du Chesne de Boisderoche. 1731. — 25 octobre.

127.

Donation entre-vifs, faite par Mme David du Fief, en faveur de ses filles, Mmes de La Voute d'Auzy et du Chesne de Boisderoche. 1731. — 27 octobre.

128.

Acte de partage de la terre de Mardre, entre Mmes de La Voute d'Auzy et du Chesne de Boisderoche, et M. de Laroche-Langerie. 1733. — 22 avril.

129.

Codicille de M. Jean du Chesne, seigneur de Vauvert, en faveur de son fils, Josias du Chesne, seigneur de Boisderoche. 1736. — 3 avril.

130.

Bail de la ferme de Laudouardière, consenti par Josias du Chesne à Jean Brodu. 1739. — 7 mars.

131.

1739. — 29 avril. Extrait de baptême d'Augustin-Pierre du Chesne, fils de Josias du Chesne et d'Anne David du Fief.

132.

1740 — 1750. Liasse de lettres de M. du Plessis-Châtillon, seigneur de Cherveux, à M. Josias du Chesne, seigneur de Vauvert.

133.

1741. — 1ᵉʳ février. Cession de la borderie de Brizon, faite par les héritiers Gogué à Josias du Chesne, pour cause de *retrait féodal*.

134.

1741 — 22 décembre. Assignation donnée au sieur de La Rivière à comparaître en la cour de la baronnie de Sᵗᵉ-Hermine, pour s'y voir condamner aux devoirs de foi et hommage envers M. Josias du Chesne, seigneur de Vauvert et de Laudouardière.

135.

1744. — 12 février. Attestation du curé de Cherveux, qui certifie que Jean du Chesne, fils de Josias du Chesne, seigneur de Vauvert, et d'Anne David, a été baptisé le 1ᵉʳ mars 1726.

136.

1747. — 27 mai. Attestation du curé de Cherveux, qui certifie qu'Anne David, dame de Vauvert, est rentrée dans le sein de l'Église catholique.

137.

1748. — 5 juillet. Jugement de la Cour de la baronnie de Sᵗᵉ-Hermine qui condamne le sieur de La Rivière aux devoirs de foi et hommage envers Josias du Chesne, à cause de sa terre de Laudouardière.

138.

1753. — 6 avril. Emprunt de 1500 livres, contracté par Josias du Chesne, seigneur de Boisderoche et de Vauvert, à l'endroit de Jean Baugier, marchand à Niort.

139.

Autre emprunt de même somme, contracté par Josias du Chesne envers Jean Baugier. 1754.—16 décembr.

140.

Lettre de M. de La Chastre, colonel du régiment de Cambrésis, à Jean du Chesne, seigneur de Boisderoche, capitaine audit régiment. 1757. — 16 février.

141.

Convocation pour le ban de la noblesse du Haut-Poitou, signée du maréchal de Senneterre. 1758. — 14 juin.

142.

Partage de la ferme du Portau (commune de Thorigny), entre Mme de La Voute et les enfants de Josias du Chesne, seigneur de Vauvert. 1759. — 2 février.

143.

Don de Josias du Chesne à ses filles, Élisabeth et Marie. 1760. — 1er août.

144.

Procuration donnée à Port-Louis par Jean du Chesne, capitaine au régiment de Cambrésis, à M. de Bonnetie de Jonchères. 1761. — 31 juillet.

145.

Brevet d'émancipation accordé par le Roi en faveur d'Augustin-Pierre du Chesne. 1762.—7 septembr.

146.

Donation mutuelle de Mlles Marie et Élisabeth du Chesne, touchant une somme de 2000 livres, à elles léguée par Mme de St-Marc. 1763. — 20 octobre.

147.

Partage de la succession de Josias du Chesne, écuyer, seigneur de Vauvert, entre ses enfants : Jean, Pierre, Jacques, Joseph, Augustin, Élisabeth et Marie. 1764. — 3 mai.

148.

1766.—26 décemb***. Contrat de mariage de Jean du Chesne, seigneur de Vauvert, avec d^{lle} Jeanne Marie Jouslard de la Magnonière.

149.

1769. — 6 mars. Partage de la succession de Mlle Élisabeth du Chesne, entre ses frères et sœur.

150.

1773. — 7 août. Vente par Jean du Chesne, seigneur de Vauvert, à Gilles, marchand à Niort, des arbres de l'avenue de Vauvert.

151.

1779. — 19 mars. Partage de la succession de M. Augustin du Chesne de Lille, entre ses frères et sœur.

152.

1779. — 1er juin. Brevet d'une pension de 400 livres, accordée par le Roi à Jean du Chesne de Vauvert de Boisderoche, capitaine au régiment de Cambrésis.

153.

1780. — 9 avril. Bail à ferme de la métairie de la Porte de Vauvert, consenti par Jean du Chesne, seigneur de Vauvert, à François Caillon, laboureur à François.

154.

1780. — 6 juillet. Lettre de M. de Lascous, secrétaire des commandements du prince de Condé, à M. de Vauvert, pour l'informer que les lettres concernant son régiment devront être mises sous l'enveloppe du prince, nommé colonel-général de l'infanterie française et étrangère.

155.

1783. — 15 avril. Vente par Nicolas et Louis Soulice, à Jacques du Chesne, capitaine commandant au régiment de Saintonge, chevalier de St-Louis, de divers immeubles et d'une rente de 11 livres, pour le prix de 2152 livres.

156.

Attestation de service, délivrée par l'état-major du régiment de Saintonge, à Joseph du Chesne, sous-lieutenant audit régiment.

1784.—23 novembre.

157.

Vente par François Rouvreau à Jacques du Chesne, de deux boisselées de terre au pré Sauvin, pour le prix de 330 livres.

1786. — 3 avril.

158.

Vente par Louis Dubois, père et fils, à Jacques du Chesne, de deux boisselées de terre au Champ de la Paroisse, et d'une boisselée et 1/2 à la Maison-Brûlée, pour le prix de 493 livres.

1786. — 12 mai.

159.

Vente par François Rouvreau à Jacques du Chesne, de deux boisselées à la Pierrière, pour le prix de 200 livres.

1786. — 19 mai.

160.

Vente par Pierre Couras à Jacques du Chesne, de trois-quarts de boisselée à la Cintre à David, moyennant la somme de 100 livres.

1786.—12 novembre.

161.

Acte par lequel Jean du Chesne reconnaît devoir à la cure de Chantecorps une rente de 8 boisseaux de seigle, à cause de sa métairie de la Magnonière.

1787. — 20 avril.

162.

Lettre du chevalier de La Valette, lieutenant-colonel du régiment de Saintonge, à Jacques du Chesne, capitaine audit régiment, pour l'informer de l'obtention de sa pension.

1788. — 18 août.

163.

1790. — 11 février.   Vente par Louis Dubois à Jacques du Chesne, d'une boisselée 3/4 de terre à la Noüe de Chervcux-le-Vieux, pour le prix de 363 livres.

164.

1790. — 30 mai.   Vente par Jean Pied à Jacques du Chesne, de deux boisselées de terre au fief des Availleaux, et d'une boisselée et demie au fief de la Croix, psse de St-Gelais, pour 360 livres.

165.

1791. — 3 juillet.   Vente par Jean Caillon à Jacques du Chesne, de 4 boisselées de terre sur les Hommes et la Ferrière, pour 406 livres.

166.

1791. — 20 septembre.   Vente par Louis Micheau à Jacques du Chesne, capitaine-commandant au 82e régiment, d'une boisselée et demie de terre au Bourolleau, pour le prix de 203 livres.

167.

1792.—11 décembre.   Arrêté du district de St-Maixent qui fixe à 917 livres 8 sous la contribution de M. Jean du Chesne de Vauvert, à l'équipement des volontaires, et ce à titre de père d'émigré.

168.

1793. — 3 avril.   Ordre d'arrestation de M. Jean du Chesne de Vauvert, sa femme et sa fille.

169.

1793. — 4 avril.   Ordre de transférer M. de Vauvert, sa femme et sa fille, de la maison d'arrêt de St-Maixent au château de la ville.

170.

1793. — 11 mai.   Ordre de transférer M. Mme et Mlle de Vauvert, du château de St-Maixent à Angoulême.

171.

Réquisition de 50 boisseaux blé, à prendre sur les revenus de Vauvert. — 1794. — 2 mars.

172.

Adjudication de la ferme de la maison et préclôture de Vauvert, à titre de biens nationaux. — 1794. — 11 mars.

173.

Adjudication du bail de la métairie de la Coutancière. — 1794. — 21 novembre.

174.

Vente des biens de M. Joseph du Chesne, émigré. — 1796. — 11 mai.

175.

Arrêté du département qui fixe aux deux tiers, dans les revenus de Vauvert, la part de Mme de Vauvert. — 1796. — 15 août.

176.

Arrêté qui saisit, au profit de la République, le quart des biens de Mme de Vauvert, à titre de mère d'émigré. — 1798. — 7 août.

177.

Contrat de mariage de M. Joseph du Chesne de Vauvert avec d^{lle} Louise-Charlotte-Agathe d'Auzy du Fief. — 1801. — 15 octobre.

178.

Requête présentée par M. Joseph du Chesne de Vauvert, pour l'envoi en possession des biens non vendus de Jacques du Chesne, son oncle, mort en émigration. — 1802. — 21 août.

179.

Autorisation du grand'juge pour la restitution des biens non vendus de M. Jacques du Chesne. — 1803. — 10 décembre.

180.

1815. — 27 janvier.   Brevet de capitaine d'infanterie, accordé par le Roi à M. Joseph du Chesne de Vauvert.

181.

1815. — 31 octobre.   Brevet de chevalier de St-Louis, donné par le Roi à M. Joseph du Chesne de Vauvert.

SEIGNEURIE ET TERRIER DE VAUVERT.

Seigneurie et terrier! deux mots historiques, et que nous prenons pour tels.

Avons-nous besoin de rappeler qu'il s'agit ici de pièces justificatives?

Oui, car il nous faut prévoir le cas où cette notice, tout intime, s'égarerait dans des mains étrangères. Nous sommes dès-lors obligé à une préface : la voici.

Avant 1789, il n'y avait pas de terre, noble ou roturière, sans seigneur. De là cette formule célèbre dans les actes du temps : « devoirs que les parties n'ont pu exposer et qu'elles offrent. » Chaque seigneur relevait d'un autre, souvent moins puissant que lui, pour certaines terres. En d'autres termes les droits étaient attachés à la terre et non à la personne. C'était un reste des lois saliques.

La terre salique, c'était la maison du guerrier et l'enclos appartenant à cette maison. Après la conquête, la propriété du Franc s'agrandit et devint l'aleu qui devait se transformer lui-même en fief.

Mais l'idée attachée à la terre salique subsista à travers les transformations civiles et politiques. Ainsi le leude possesseur du fief, le seigneur maître de la terre noble, furent également assujettis au service des armes.

De nos jours, quand le Souverain confère des titres aux généraux de ses armées, il attache un nom de terre ou certaine dotation à cette dignité : souvenir des temps anciens.

Châteaubriand dit quelque part : « L'histoire de France n'est pas faite. » Mais l'histoire de la terre, qui l'étudie?

Ce nom de *seigneur* éveille chez tous l'idée d'un grand propriétaire, ayant au-dessous de lui des tenanciers nombreux, armé d'un pouvoir sans contrôle. C'est, le plus souvent, le contraire qui est vrai : qu'on lise les actes du temps.

La maison du guerrier et son enclos : il convient de partir de là pour expliquer les institutions du passé relatives à la terre.

Chez les Francs, nos pères, tout se rapportait à la profession des armes : c'est l'origine de la noblesse.

Le guerrier avait la terre salique pour son entretien; les filles, incapables de la défendre, ne pouvaient y succéder qu'à défaut de mâles : principe du droit d'aînesse.

Celui qui porte les armes, lorsqu'il se croit insulté, met instinctivement la main sur la garde de son épée : de là le combat judiciaire, qui a donné naissance au duel, et le droit de justice conféré aux seigneurs.

Tout se tient et s'enchaîne. On s'imagine avoir fait table rase du passé, on couche dans son lit. En veut-on une preuve sensible?

La noblesse, vouée au métier des armes et investie de la prérogative de rendre la justice, ne pouvait rechercher la fortune par le commerce ou l'industrie sans perdre ses privilèges et son rang, sans *déroger*. Ainsi la possession de la terre noble, l'investiture du Souverain ne suffisaient pas au maintien de la noblesse de ceux qui portaient le double glaive de la victoire et de la justice : il leur fallait encore s'abstenir du trafic, ce qu'on appelait vivre noblement.

Jetons les yeux autour de nous; en plein XIXe siècle, deux professions ne peuvent trafiquer sans déchoir : celles des armes et de la magistrature.

Sous le bénéfice de ces observations, nous donnons, à titre de preuves, la composition des terres de la seigneurie de Vauvert et le terrier de la dite seigneurie : encore une fois ceci est de l'histoire.

Amaury de Liniers.

SEIGNEURIE DE VAUVERT.

I. Terres nobles.

1° Terres relevant noblement du château de Cherveux, suivant le dénombrement rendu le 28 août 1739 :

La maison de Vauvert et le jardin	300 livres.
10 boisselées aux Garennes de Cherveux	600
5 boisselées au fief du Doignon	250
5 boisselées appelées Grois-Clair	200
2 boisselées à la Seppe-au-Loup	120
2 boisselées à la Noüe de Cherveux	120
3 boisselées 1/2 aux Hommes	150
4 boisselées de terre au Sermillet	360
2 boisselées proche les Garennes	200
1 boisselée 3/4 à la Taillée à Rouvreau	80
5 boisselées qui joignent le chemin de Cherveux à St-Gelais	225
1 boisselée de terre proche les Garennes	50
1/2 boisselée proche la Prudence	50
3 boisselées aux Hommes	130
Total	2835 livres.

2° Terres appelées le Fief aux Balais, relevant de Cherveux, selon le dénombrement du 28 août 1739.

13 boisselées pré et terre devant le cimetière	900 livres.
4 boisselées dites l'Allée	800
2 boisselées à l'Ormeau Benet	90
A Reporter	1790

Report. . . . . . , . .	1790
2 boisselées 1/2 à Vaugrenier	150
1 pièce de terre à la Charrière	140
4 boisselées au Patrouillet.	200
1 boisselée à Mouchedune.	50
Le bois de la Roche.	500
Total.	2830 livres.

3° Terres relevant noblement de la Carte, selon le dénombrement du 28 août 1726 :

La maison d'Elbene et jardin.	000 livres.
4 boisselées de terre au Cerisier.	160
2 boisselées au Bois-Coudreau.	120
3 boisselées 1/4 au Poirillonnet.	200
Total.	480 livres.

4° Terres relevant de la seigneurie de St-Christophe, suivant le dénombrement du 6 juin 1678 :

Un pré, appelé la Noüe Galerne, contenant la journée de deux faucheurs, assis près le Grand-Moulin. . . . . .   600 livres.

II. TERRES ROTURIÈRES.

1° Terres relevant de la seigneurie de la Chaume, suivant l'aveu du 30 septembre 1756 :

Bâtiments de la métairie de Vauvert, cour, aire. .	600 livres.
Petite maison de la Hutte.	

2° Terres relevant de Cherveux, suivant la déclaration du 16 décembre 1744 :

Vigne de Vauvert	600 livres.
4 boisselées à Bois-de-Nom.	120
16 sillons au même lieu.	20
1/2 boisselée à la Charrière.	25
24 sillons au Bois-de-Nom.	30
A reporter.	795

Report..	795
1/2 boisselée à Vaugrenier	25
1 boisselée aux Ouches.	30
12 sillons à la grande Pierrière.	25
1 quartollée à Vaugrenier.	15
3 boisselées 1/2 de terre dans la vallée de Vaugrenier.	300
Le pré Chabot	200
6 boisselées à Barabbin.	400
Le sainfoin	700
La vigne à Cart.	120
7 sillons aux Ouches.	15
3 boisselées dans le pré du Logis.	300
Total.	2925 livres.

III. Terres dont les mouvances ne sont pas connues.

2 boisselées au Chêne Maucret.	80 livres.
1 boisselée à Bois-Vert	40
2 boisselées à la Croix Taille-Pied	100
2 boisselées aux Ramées	120
2 boisselées au Doignon.	60
1 boisselée 1/2 au Doignon (doit le sixte au Doignon).	45
1 pré, sis en la rivière de Chavan, contenant à serrer une charretée de foin (doit 7 quarteaux d'avoine et les 2/3 d'un chapon à la métairie de Chavan).	200
3 pointes de pré, sises en la rivière de Brangeard (doivent le seize du foin à la dîme de l'Épinay) .	15
2 boisselées en coteau au Grand-Moulin (relève de la Jelousière).	200
Le jardinet	60
Total.	920 livres.

TERRIER DE LA SEIGNEURIE DE VAUVERT, EN 1696.

Art. 1.

Élisée BONNET. — Trois quartollées de terre au terroir des Routis, qui joignent d'une part à la terre des héritiers Jacques Jamonneau, d'autre à la terre des héritiers Desrey, d'autre à la terre de M° Jérôme Nicolas. — 6 deniers de cens.

Art. 2.

Jean SIMONNET. — Une boisselée et demie de terre audit lieu; joignant de trois parts aux héritiers de Jacques Jamonneau, d'autre à la terre de la métairie de la Roche de Cherveux. — 12 deniers.

Art. 3.

René FRAIGNEAU. — Une boisselée de terre, sise audit lieu; tenant d'une part à la terre des héritiers Jean Rouvreau, d'autre à la terre des héritiers Etienne Mathieu, d'autre à la terre de la métairie des Goguelais, d'autre à la terre de Léon Gentilleau. — 6 deniers.

Art. 4.

Le même. — Une quartollée de terre audit lieu, qui joint d'une part à la terre de Léon Gentilleau, d'autre à la terre de M° Jérôme Nicolas, d'autre à la terre des Coutineau, d'autre à la terre des héritiers de Daniel Jouslain. — 1 denier.

Art. 5.

René JOUSLAIN. — Une quartollée de terre audit lieu; tenant d'une part à la terre des héritiers Jean Mathieu, d'autre à la terre de René Fraigneau; aboutit d'une part à la terre de Léon Gentilleau, d'autre à la terre de la métairie des Goguelais.

François BACONNEAU. — Une quartollée de terre audit lieu, qui joint d'une part à la terre desdits héritiers Mathieu, et aboutit à la terre de la métairie des Goguelais.

Veuve et héritiers Jean MATHIEU. — Une boisselée de terre audit lieu, qui joint d'une part à la métairie des Goguelais, d'autre à la terre de René Fraigneau. — 18 deniers.

Art. 6.

Pierre JOUSLAIN, GAILLARD et DANJON. — Deux boisselées de terre audit lieu; tenant d'une part à la terre des Coutineau, d'autre à la terre de Me Jérôme Nicolas. — 18 deniers.

Art. 7.

Jacques DESREY. — Une boisselée de terre audit lieu; joignant d'une part à la terre des héritiers Daniel Jouslain, d'autre à la terre de Me Jérôme Nicolas. — 6 deniers.

Art. 8.

Pierre FRAIGNEAU. — Demi-boisselée audit lieu; joignant d'une part à la terre de Jean Rouvreau, d'autre à la terre de Jean Alix et héritiers Isaac Martin, d'autre à la terre de Jacques Danjon. — 3 deniers.

Art. 9.

Marie JAMONNEAU. — Cinq quartollées de terre audit lieu, qui joignent à la terre de Jean Simonnet, d'autre à la terre des héritiers Judith Alix, et des autres parts aux terres de Jean Martin. — 12 deniers.

Art. 10.

René FRAIGNEAU. — Une boisselée de terre audit lieu, qui joint d'une part à la terre des héritiers Jacques Simonnet, d'autre à la terre de Jean Alix, d'autre à la terre des héritiers Daniel Jouslain, d'autre à la terre des Coutineau. — 6 deniers.

Art. 11.

Le même. — Demi-boisselée audit lieu; tenant d'une part à la terre de Me Jérôme Nicolas, d'autre à la terre de Daniel Benoist, d'autre à celle de Pierre Jouslain, d'autre à la terre de la métairie des Coutineau. — 1 denier.

Art. 12.

Jean ALIX. — Une boisselée de terre audit lieu, qui joint d'une part à la terre de Jean Rouvreau, d'autre à la terre de René Fraigneau, d'autre à la terre des héritiers Daniel Jouslain, d'autre à la terre des Coutineau.

Jean ROUVREAU, du Breuil de François. — Demi-boisselée audit lieu, joignant d'une part à la terre dudit Alix, d'autre à la terre de Pierre Fraigneau, d'autre à la terre des héritiers Daniel Jouslain, d'autre à la terre des Coutineau. — 2 deniers.

Art. 13.

Les héritiers Daniel BENOIST. — Une quartollée audit lieu; tenant d'une part à la terre des héritiers Isaac Simonnet, d'autre à la terre de René Fraigneau, d'autre à la terre des Coutineau. — 1 denier.

Art. 14.

Jacques CHABOSSEAU et les héritiers Daniel JOUSLAIN. — Sur ce pour raison, ledit Chabosseau, de trois quartollées de terre audit lieu, qui joignent d'une part à la terre de Jacques Desrey, de deux parts aux héritiers de Jouslain;

Et les héritiers Jouslain aussi trois quartollées, qui joignent la terre de Jean Martin, d'autre à celle de Jacques Desrey, d'autre à la terre des héritiers Isaac Martin. — 12 deniers.

Art. 15.

Jeanne PAPOT. — Une boisselée de terre audit lieu, qui joint d'une part à la terre des Fouet, d'autre à la terre des héritiers Daniel

— 107 —

Jouslain, d'autre à la terre de la métairie des Coutineau, d'autre à la terre de Daniel Benoist. — 5 deniers.

Art. 16.

Les BARBAUD. — Pour raison d'une maison et appartenances de coursoire et jardin, sise au Goguelais; tenant d'une part au jardin de Marie Laurent, d'autre au jardin des Coutineau, d'autre au chemin tendant de Cherveux à la cueille de l'Étang, d'autre au chemin dudit Cherveux à la métairie du Goguelais. — 1 poule, 1 denier.

Art. 17.

Isaac MENERT. — Sur demi-boisselée de terre, sise au Petit-Vignaud, proche Fonvérine; de deux parts aboutit à deux chemins, l'un tendant dudit Fonvérine à Palansay, et d'autre comme on va dudit Palansay à la Bonne, et d'autre à la terre de Jean Deschamps. — 1 denier.

Art. 18.

René FRAIGNEAU. — Trois quartollées de terre, sises au terroir du Puy; joignant d'une part à la terre de René Fouet, d'autre à la terre des héritiers Jacques Jamonneau, d'autre au chemin de la Basse-Cour à St-Gelais, d'autre à la terre de la Barre.

René FOUET. — Une boisselée de terre, sise au lieu du Puy, qui joint à la terre dudit Fraigneau, d'autre à celle de Louis Godeau, d'autre au chemin du Goguelais à Cherveux, d'autre à la terre de la Barre;

Et un jardin à semer un boisseau de chènevis (1) ou environ,

---

(1) Pour que la mesure de chènevis servît de terme de comparaison ou d'unité dans l'évaluation des contenances des terres à jardins, il fallait que la culture du chanvre fût très répandue dans le pays. Il est vraisemblable que Cherveux tire son nom de *cherve* en langage poitevin (chanvre). La liturgie du diocèse de Poitiers nous paraît avoir adopté cette opinion en désignant la paroisse de St-Pierre de Cherveux par les mots latins : *Sanctus Petrus à cannabo*.

partant par indivis avec Jean Alix, à cause de Jeanne Fouet, sa femme, qui joint d'une part au jardin d'André Fouet, d'autre au chemin du Goguelais à Cherveux-le-Vieux, d'autre au chemin de Cherveux à la Grand'Vigne dudit lieu, d'autre au pâtis de Pierre Fraigneau.

André FOUET. — Une boisselée de terre audit lieu; tenant d'une part à la terre des héritiers Jacques Jamonneau, d'autre à la terre de Jean Alix audit nom; aboutit d'une part à la terre de la Barre, d'autre au chemin de Cherveux-le-Vieux au Goguelais;

Et un jardin à semer un boisseau de chènevis, assis audit lieu du Puy; joint d'une part au jardin de René Fouet et Jean Alix, d'autre audit chemin, et de deux parts au chemin comme on va du Goguelais à la Grand'Vigne.

Pierre et Jacques JAMONNEAU. — Une quartollée de terre audit lieu, en 7 sillons, qui joignent de deux parts aux terres desdits Fouet, d'autre à la terre de la Barre;

Et un pré contenant demi-matinée de faucheur, audit lieu, qui joint au pré dudit Alix, d'autre au chemin du Goguelais à la Grand'Vigne, aboutit à la terre de la Barre.

Jean ALIX. — Ledit jardin sus-confronté partant avec ledit René Fouet;

Et une pièce de terre en pâtis, audit lieu, contenant matinée de faucheur, qui joint d'une part à la terre dudit André, d'autre au chemin du Goguelais à Cherveux-le-Vieux, d'autre à la terre de la Barre.

Jean MOINARD. — Une quartollée de terre audit lieu, en pâtis; joignant d'une part à la terre des Jamonneau, d'autre à la terre dudit Alix.

Jacques GUODARD. — Une quartollée de terre, en pâtis; joignant de de deux parts au pâtis et jardin des Fouet. — 12 deniers.

Art. 19.

René FRAIGNEAU. — Un pré, contenant demi-matinée de faucheur ou environ, assis au lieu appelé la Chaume ; joignant d'une part au pré des Barbaud, d'autre au pré de Pierre Fraigneau, d'autre à la Noüe du Goguelais. — 2 deniers.

Art. 20.

René FOUET. — Un pré, contenant matinée de faucheur, assis à la Chaume ; joignant d'une part au pré des Jamonneau, d'autre au chemin de Cherveux à la Grand'Vigne du lieu, d'autre au pré des Barbaud. — 3 deniers.

Art. 21.

Le même. — Une boisselée de terre, en Grois Ferrée ; joignant d'une part à la terre des héritiers Daniel Benoist, et des autres parts aux terres de la métairie de la Maury. — 6 deniers.

Art. 22.

André FOUET. — Un pré, contenant matinée de faucheur, assis à la Chaume ; joignant au pré de Jeanne Papot, d'une part ; d'autre au pré de Marie Simonnet, d'autre au chemin du Goguelais à Cherveux-le-Vieux, d'autre à l'Ouche Pinarde. — 3 deniers.

Art. 23.

Le même. — Une boisselée de terre, au terroir de Cour-Bidot ; tenant d'une part à la terre de Jeanne Papot, d'autre à la terre de Daniel Charles, d'autre à la terre de Jean Alix, d'autre à la terre de la Cure de Cherveux. — 2 deniers.

Art. 24.

Pierre JOUSLAIN, Pierre GAILLARD et Jacques DANJON. — Une maison, grange, cour, coursoire et jardin, se joignant, assise au Goguelais ; tenant d'une part au jardin des Coutineau, d'autre au chemin comme on va de Cherveux à la Grand'Vigne dudit lieu, d'autre au jardin et pâtis des Fouet, d'autre au chemin tendant du puits du Goguelais à la métairie dudit Coutineau. — 6 deniers.

Art. 25.

Pierre FRAIGNEAU. — Un pré, contenant matinée de faucheur, assis au lieu appelé la Chaume, qui joint au pré de René Fraigneau, d'une part ; d'autre au pré des Jamonneau, d'autre au pré des Barbaud, d'autre à la terre appelée Ouche Pinarde. — 1 denier.

Art. 26.

Le même. — Une boisselée, appelée la Repoussée ; joignant d'une part à la terre de la Maury, et des autres parts aux terres des Coutineau, et au chemin du Goguelais au gué Chevalier. — 6 deniers.

Art. 27.

Marie LAURENT. — Une maison, grange, étable, coursoire, jardin, le tout se joignant, assis au Goguelais ; joignant d'une part à la maison et jardin des Barbaud, d'autre à la terre des héritiers Isaac Martin, d'autre au fief du Rivault, un chemin entre-deux. — 1 denier.

Art. 28.

Pierre et Jacques JAMONNEAU. — Un pré, contenant demi-matinée de faucheur, assis au lieu appelé la Chaume, qui joint au pré des héritiers Isaac Simonnet, d'une part ; d'autre au pré de Pierre Fraigneau, d'autre au pré des Fouet. — 2 deniers.

Art. 29.

Maître Pierre PARQUINET. — Sur une pièce de terre en cotollage et eau-barrée, où sont des noyers et autres arbres, assise proche le château Salbard ; joignant d'une part à la terre des héritiers Louis Magnen, d'autre à l'eau de la Sèvre, et des autres parts aux terres de Me Louis Vincent, à cause de Marie Moreau, sa femme, 40 sols de rente seconde chacun an et fête de Noël. — 40 sols.

Art. 30.

Jacques BALLARD. — Deux boisselées de terre, en cotollage, sises au lieu appelé les Plantes de l'Étang, et joignant d'une part à la terre des héritiers Daniel Jouslain, d'autre à la terre des héritiers Paul Bergeronneau, d'autre à la prairie de l'Étang, 40 sols de rente seconde. — 40 sols.

Art. 31.

Jean ALIX. — Un pré, assis à la Chaume, contenant matinée de faucheur; joignant au pré des Jamonneau, d'une part; d'autre au chemin de Cherveux à la Grand'Vigne, d'autre au pré des Barbaud, 3 deniers de cens. — 3 deniers.

Art. 32.

Jean MOINARD. — Un pré, assis à la Chaume, contenant matinée de faucheur; tenant au pré de Jean Alix, d'une part; d'autre au chemin tendant du Goguelais à Cherveux-le-Vieux, d'autre au chemin du Goguelais à la Grand'Vigne. — 2 deniers.

Art. 33.

Paul BABOU et Jacques PELLETIER. — Une boisselée de terre sur les bois de Villeneuve; tenant d'une part à la terre des Pelletier, d'autre à la terre de la métairie de la Jaille, d'autre au bois taillis de Villeneuve, d'autre à la terre de la métairie de Chavan. — 4 deniers.

Art. 34.

Pierre MENANT et Jeanne CAILLET. — Une pièce de terre en cotollage, de présent en pâtis, sise au lieu appelé Coteau Maynard, proche Lussay; joignant d'une part à la terre de Jean Martin, d'autre à la terre des Pelletier, d'autre à la terre de la Bigaudière, 27 sols de rente seconde. — 27 sols.

Art. 35.

Jeanne PAPOT, veuve de François SIMONNET. — Un pré, assis à la Chaume, proche des Goguelais, contenant matinée de faucheur, tenant d'une part au pré des Jamonneau, d'autre à la terre appelée Ouche Pinarde, qui appartient à Jean Bouinot, et des autres parts au pré des Fouet. — 5 deniers.

Art. 36.

La même. — Une boisselée de terre, au terroir de Chêne-Vert; joignant d'une part à la terre de la Cure de Cherveux, d'autre à la terre de la métairie de Bois-de-Nom, d'autre à la terre de Jean Alix. — 5 deniers.

Art. 37.

Daniel PELLETIER. — Demi-boisselée de terre, sise au terroir appelé sur les grands bois de Villeneuve, qui joint d'une part aux terres de la métairie de Chavan, d'autre à la terre de la métairie de la Jaille, et d'autre à un sentier par où l'on va du pont Raguit à Suiré. — 1 denier.

Art. 38.

Maître Étienne ROBERT. — Six boisselées de terre ou environ, partie desquelles sont en cotollage, où autrefois était une sablière, ce qui se remarque encore de présent, assises au terroir de Fonchaufière, qui joignent au bé du moulin de la Roche de Cherveux, un chemin entre-deux, d'autre au pré des héritiers de St-Gourdry, d'autre à la métairie des Coutineau, huit sols de rente. — 8 sols.

Art. 39.

Marie DURAND et François BARRAUD. — Une maison avec ses appartenances, sise à Cherveux, qui joint d'une part à la coursoire de Suire Burgaillas, d'autre au chemin de Lussay à St-Gelais à dextre, par le devant à une allée ou place, 31 sols de rente continuée. — 31 sols.

Art. 40.

Paul BABOU. — Une quartollée et demie de terre, sise proche le village de Givray; joignant d'une part au chemin comme on va de la fontaine dudit lieu à Pont-Raguit, d'autre à la terre de Jacques Pelletier, d'autre à la terre de Jeanne Morisset et parsonniers. — 1 denier.

Art. 41.

Jacques MOREAU. — Un petit jardin à semer une mesure de chènevis, assis au village de Civray; joignant d'une part au jardin de François Morisset, d'autre à la terre de Pierre Travers, d'autre au pré de la Mare. — 1 denier.

Art. 42.

François MORISSET. — Un jardin à semer un quartaut de chènevis, en lequel est une loge, assis à Civray, proche de sa maison, et joint au chemin tendant de la fontaine de Civray au chemin de Cherveux à St-Maixent. — 1 denier.

Art. 43.

Le même. — Trois quartollées de terre en jardin, proche la fontaine de Civray, qui joignent d'une part à la terre de Jacques Pelletier, d'autre au jardin de Pierre Travers, d'autre au chemin tendant de ladite fontaine au pont Raguit. — 4 deniers.

Art. 44.

Le même, René BRANGIER et René MORISSET. — Une boisselée de terre, proche Civray, au lieu appelé la Ville; joignant à la terre de la métairie de la Jaille, d'une part; de deux autres parts aux terres de Jacques Grousset, d'autre au chemin de Villeneuve à Palansay. — 2 deniers.

Art. 45.

Louis et François PELLETIER. — Une pièce de terre en pâtis, où son plusieurs fruitiers à semer un boisseau de chènevis, assise à Civray; tenant d'une part au jardin de François Morisset, d'autre au jardin de Me Jean Pineau, et de deux parts à l'ouche de la métairie de Civray. — 1 denier.

Art. 46.

Daniel BONNIFAIT. — Deux pièces de pré, contenant journée d'un faucheur, sises à Petitfonds, proche Villeneuve : l'une d'icelles joint au pré des Grousset, d'autre au pré des héritiers Catherine Poussard, d'autre au fief de Vigne du Sauze, le chemin entre-deux. L'autre pièce joint au pré d'Élie Sornier et parsonniers, d'autre à la terre de Pierre Charles et autres terres y aboutissant, d'autre à la métairie de Coutan qui est d'Augé. — 6 deniers.

Art. 47.

Pierre TRAVERS. — Un jardin à semer un boisseau de chènevis ou environ, proche la fontaine de Civray, lequel joint d'une part à un autre jardin qui lui appartient, d'autre au jardin de François Morisset, d'autre au jardin de Jacques Moreau et de Jacques Poussard. — 2 deniers.

Art. 48.

Louis et François PELLETIER. — Demi-boisselée de terre, au terroir dessus les bois de Villeneuve, qui joint d'une part à la terre de Daniel Pelletier, d'autre à la terre de Paul Babou et Jacques Pelletier, d'autre à la terre de la métairie de la Jaille, d'autre à la terre de la métairie de Chavan. — 1 denier.

NOMS CITÉS DANS LA PRÉSENTE NOTICE.

Aubert, n^{re}. Aymer. Audouin (s^r de la Bernardière). Amelot. Allonneau. Ayrault. D'Auzy de la Voute. D'Auzy du Fief. D'Allemans. Auger, n^{re}.

Bouhier, n^{re}. De Blanzaguet. De Bouillon. De la Blachière. Brochard de La Roche-Brochard. Boinot. Bonnifait. Bonnaud. Bergeronneau. Berthon. De Bonnetie. Biraud. Bellenger, s^r de Luc. Beaudet. Bouleau. De Broglie. De Belle-Isle. Baugier. De Bremond d'Ars. Brunet. Bouet. Bonnot. Boursault, n^{re}. Bertheau, n^{re}. Baudin, n^{re}. De Barentin. Du Belineau. Bourguignon. Bigot. Bonnet. Balonneau. Benoist. Barbaud. Babou. Brangier.

Du Chesne de Vauvert. Colbert (Mis de Croissy). Courtin, n^{re}. Cart, s^r de la Bigaudière, n^{re}. Chalmot, s^r du Teil. De La Chastre. Du Chatelier. Chenu. Coutineau. Cailler. Chaudin, n^{re}. De Cressac. Chauffepied. De Circé. Cerceau. De Chamilly. Couras. Caillon. Chabosseau. Charles.

Devallée, n^{re}. Danjon. Delapierre, n^{re}. Decemme, l^t du Roi. David, s^r du Fief. Deniort. Dupuy. Debort. Desras. Desrey. Durand.

Esteau (s^r de Vermenie). Esserteau.

Du Fay. Faidy. Fraignaud. Ford. Fillon. De Froussay. Frezel, s^r de la Barre. Fradin. De Ferrand. Frère. Fouet.

Grousset. Guyot (Jacques). Geoffroy (Isaac). Grosset (Maixent). Gay, n^{re}. De Grailly. De Gréaulme. Guitton. Germain, n^{re}.

Gogué. Gilles. Guichard d'Orfeuille. De Gourville. Guimaud, n^re. Gaudin. Gueston. Gaulthier. Giraud. Geoffroy. Grelier. De Grand-Maison. Des Granges. Gaillard. Godeau. Guodard.

D'Harcourt. D'Hozier. Houdry. Hubert.

De Jaucourt (de Beaumont). Jarno de Pont-Jarno. De Janvre. De Jouslard. Jouslain. Juin. Jarlit. Jau de Chantigné. Juin, n^re. Jamonneau.

Loritz. De Loubeau. De Lacour. De Lusignan (St-Gelais). Le Riche. De Lézardière. De L'Houmeau. La Bourolle. Lavenne. De Laroche-Langerie. De Laage. De Liniers. Laby. Lévesque. Laurent. De Lascous. De Lescours.

Motheau, n^re. De Maillé. Morin. Mercier. De Mallemouche. Menant. Massé. Maynard. Masson. Moreau, n^re. De Manceau. De Montmort. Masse. Marsault, n^re. Mathé, n^re. Métayer. Morisset. Mounin du Bois. Monnet. Martin. De la Messelière. Mathieu. Moinard. De Mougon.

Ogier, n^re.

De Ponigues. Pinet. De Perrouin (s^r de Baussais). De la Plesse. De Parthenay. Petitoit. De Pidoux. Picard. Pineau. Pallardy. Paquinet. Du Plessis-Châtillon. Pastural. De Parabère. Papot. Pasquinet. Pelletier. Poussard. De Parsay. Du Peyrat.

Rouillon, n^re à Cherveux. Roigne (s^r du Petit-Chesne). Ruffane (le s^r de). Rousseau, sieur de la Parisière. De Rohan. De Regnier. Russeil. Rouget. De la Rivière. De Richebourg. Rameau. Raux. Rouvreau. Robert.

Seneuil (le s^r de). De St-Gelais. Simonnet. Sibilleau. De Surimeau. De St-Marc. Spoullet de Varel. De Ste-Marthe. De Senneterre. Soulice. Suire.

Thibault. (N^as, s^r de la Carte). Thibault (s^r de la Crèche). Thébault. Tabarit. Thoreau. Texier, n^re. Tizon de la Rochette. De la Touche-Pulfaut. Travers.

Vergereau. Viaud (s^r de l'Allier, le Breuillac etc.). De Venot. De Valière. De Valanchère. De Vérac. De Veillechèze de la Mardière. De la Valette. De Villeneuve. De la Vieuville. Vincent.

Xaintray.

Table des Matières.

	Pages.
Avant-propos.	5
Notice sur la famille du Chesne de Vauvert.	7
Armoiries des du Chesne.	57
Preuves de noblesse de la famille du Chesne de Vauvert.	58
Arbre généalogique des du Chesne de Vauvert	72
Sommaire des titres de la famille du Chesne de Vauvert.	73
Seigneurie de Vauvert.	101
Terrier de Vauvert.	104

www.ingramcontent.com/pod-product-compliance
Lightning Source LLC
Chambersburg PA
CBHW070520100426
42743CB00010B/1885